JN191241

シュタイナーの世界

シュタイナーの世界　上

はじめに

こんな大それた本を私が出してしまってよいのだろうか……そんな迷いがずっとあった。「あなたはシュタイナーを理解しているのか？」と問われれば、「はい」と答えることは絶対にない。「いいえ」と言えば読者の期待を裏切ることになるかもしれないが、それでも「はい」とは言えない。せいぜい「それなりに……」といったところだろう。とはいえ、「完璧に理解してからでなければ書いては（語っては、教えては）いけない」となれば、大半の教育は成り立たなくなってしまうのではないか。「少し先を歩く人が、少し後ろを歩く人を導き、手助けする」それでよいのではないか。社会とはそういうものなのではないか。そんなふうに考えて、自分を納得させている。

本書はシュタイナーの入門的な概説書、あるいは概説的な入門書として書かれている。読者として想定しているのは、シュタイナーに初めて触れる人からシュタイナーをそこそこ知っている人までであり、シュタイナーを詳しく知っている人は念頭に置いていない。内容がシュタイナーだけに、「すらすら読める」とまでは言えない。とはいえ、シュタイナーの入門書、概説書としては格段にわかりやすいものになっていると考えている。シュタイナーの本を手に取ったものの「さっぱりわからない」と投げ出した人たち、理解できずに長年苦しんできた人たちにとって、本書が希望の光となるならば、これほど嬉しいことはない。

筆者は哲学を専門とする大学教員である。もともとはインド哲学を研究していたが、シュタイナーと出会い、その魅力に取りつかれ、シュタイナーにどっぷりはまり、現在に至っている。少々大げさに言うならば、寝ても覚めてもシュタイナーという毎日である。そして多くの授業で、シュタイナーについて何の知識も持たない大学生を相手に語っている。

一度でもシュタイナーの本を読んだことのある人なら、何の知識も持たない人を相手にシュタイナーについて語ることが、いかに困難であるか想像できるだろう。本書には、そのような授業実践の成果がふんだんに取り込まれている。

当然のことながら、授業でつねに心がけているのは、わかりやすく伝えることである。どんなに高尚なことを語ったとしても、それが伝わらなければ授業としては失敗である。授業でシュタイナーを取り上げることを決意してからは、試行錯誤、悪戦苦闘の連続であった。どう説明すればシュタイナーを理解してもらえるのか、少なくとも「いきなり拒絶されないか」を第一に考え、あれこれ工夫してきた。現在、シュタイナーの思想概説、教育論、社会論の授業は大教室で行われており、いずれも定員を大幅に上回る受講者が集まっている。

シュタイナーに初めて触れる人を念頭に置いているため、わかりやすさを優先し、正確さをある程度犠牲にしている箇所が多々ある。「厳密にはそうはいえない」「そうとは言い切れない」という部分も少なくない。さらなる説明を加えれば難解なものになってしまうし、「この部分は不正確です」と断り出すと、全体がその言葉で埋め尽くされてしまいかねない。この点については、どうか大目に見ていただきたい。あくまで入門書、入口なのだと割り切って読んでもらえれば幸いである。

また、本書でのみ通用する独自の記号や用語も一部使用している。これらもわかりやすく説明するための必要性から生まれたものである。

基本的には前から順に読むことをお勧めする。シュタイナーをそこそこ知っている人は、もちろん興味のある章から読むこともできるだろう。しかし、前の箇所で触れた内容を前提にした話がしばしば登場する。また、おおまかにいえば、やさしい内容から難しい内容へと並べてある。初心者やそれに近い人は、前から順に読んでいただきたい。

各章の最後にある読書案内では、その章の内容と関連する本を紹介している。さらに理解を深めたいと思う人は、ぜひ参考にしてほしい。関連する本は多数あるが、それぞれの分野で基本とされる本と入門的内容の本は、ほぼもれなく紹介しているはずである。

感謝したい人は山ほどいるが、この本が多少なりともわかりやすいものになっているとすれば、その多くは私が主催するシュタイナー読書会のメンバー、そしてシュタイナー関連の授業を受講してくれた学生たちのおかげだろう。説明を聞いてくれる人がいなければ、わかりやすくするための工夫はできなかったのだから。

目次

第2節 自由と倫理

学びのヒント

おわりに

第1章　人物と業績

ルドルフ・シュタイナー

1　シュタイナーという人物（1）

本書で取り上げるのは、ルドルフ・シュタイナー（1861〜1925）という人物である。

彼は当時、ロシアを除けばヨーロッパ最大の国家だったオーストリア帝国のクラリエヴェックという町（現在はクロアチア）で生まれ、ドイツ、オーストリア、スイスなどのドイツ語圏を中心に活躍した思想家である。

彼の活動した分野は驚異的といえるほど広範囲・多方面にわたっており（詳しくは後述する）、常識的に見る限り、とうてい一人の人物の活動とは思えない。そのような意味において、彼には「万能の天才」という言葉がふさわしいように思われる。文字通りの「万能の天才」など存在するはずもないが、実在する人物の中では、それにもっとも近い人物といえるかもしれない。

2　シュタイナーという人物（2）

このような説明を初めて聞いたとすれば、多くの人は疑問を感じるはずである。「シュタイナーって、そんなにスゴイ人物だったのか！　でも、シュタイナーなんて名前、これまでに聞いたこともない」。

レオナルド・ダ・ヴィンチなら誰でも知っている。アインシュタインなら誰でも知っている。しかしルドルフ・シュタイナーはほとんど知られていない。そんな無名の人物が万能の天才といえるような、スゴイ人物なのだろうか？

その人物が本当にスゴイかどうかの判断は、最終的には読者の各々に任せるしかない。本書では、彼がどのようなことをどのように考え、またどのようなことをどのように行ったのかを概説する。彼が考えたこと、行ったことには独創的なものが非常に多い。独創的に考える人を哲学者と呼ぶなら、彼こそ正真正銘の哲学者だと言うことができる。ただし彼の活動分野は、世間一般の意味での哲学の範囲には、とうてい収まりきらない。

3 なぜ知られていないのか

それほどのスゴイ人物なら、なぜシュタイナーは知られていないのだろう。さまざまな理由があるが、おそらく最大の理由は、シュタイナーの思想がいまだ十分には理解（解明）されていないからである。ひとことで言ってしまえば、シュタイナーは「時代を先取りし過ぎた思想家」なのである。

時代を先取りするというのは一般的には評価されることだろうが、実際に評価されるとは限らない。なぜなら、評価されるかどうかは「多くの人によって理解されるかどうか」ということが関わっているからである。

時代を先取りし過ぎていると、ほんの一部の人にしか理解されない。それがまさに「時代を先取りし過ぎている」ということの意味である。歴史上、本当に偉大な発明や発見の際には、大半の人に理解されないだけではなく、嘲笑される、バカにされるといったことまで起ってきた。その後、何十年を経て、あるいは何百年を経てから、よくやく評価されるといったことも珍しくなかった。

4 肯定的評価と否定的評価

いま述べた通り、シュタイナーの思想はいまだ十分には理解（解明）されていない。まったく理解されていないわけではないものの、理解されていない部分、理解できない部分が多く残されている。

シュタイナーに対する評価は大きく二分されている。簡単にいえば肯定的な評価と否定的な評価である。肯定的な評価をする人は、先に述べた通りシュタイナーは「時代を先取りし過ぎた思想家」だと見る。要するに、我々がシュタイナーに追いつけないために、理解できない部分を多く残しているのだと考える。

これに対して否定的な評価をする人は、シュタイナーは間違ったことを述べているから、我々は理解できないのだと考える。その間違ったことを複雑に、深遠な内容であるかのように、立派そうな体裁をとって述べているので、我々はだまされているのだというのである。それが正しいとすれば、シュタイナーはウソつきであり、詐欺師だということになるだろう。あるいは誇大妄想狂と言えるかもしれない。

最終的な判断は読者の各々に下してもらうしかないのだが、ここでは肯定的な評価の立場から、否定的な評価に対する反論を二つ挙げておく。

5 具体的な成果がある（1）

まずはシュタイナーの思想が実際に、具体的なレベルで十分ともいえる評価を受けているという点である。繰返しになるが、シュタイナーの思想は全体として見る限り、十分に理解されているとはいえない。とはいえ部分的には深く理解されている分野もあるし、具体的に応用されている分野もある。そしてそのような中には、非常に大きな成果をあげている分野がある。

世界的に高く評価されているのが教育の分野である。シュタイナーの思想をベースにして行われる教育は、シュタイナー教育、あるいはヴァルドルフ教育と呼ばれている。ナチス政権下で閉鎖されたシュタイナー学校は戦後になって再建され、その後は地域や文化を超えて急速に広まっている。現在はアジアやアフリカなどの発展途上国でも、シュタイナー学校は増加している。

6 具体的な成果がある（2）

教育に対する評価など主観的であって、人の好みの問題だと考える人がいるかもしれない。しかし彼の活動は医学や農業などでも高い評価を受けている。

シュタイナーの思想に基づく医学が存在する。実際に医療活動を行っていて、ドイツやスイスには病院がある。またシュタイナーの思想に基づいたヨーロッパを代表する有機農業があり、品質の良い作物が収穫されている。

このように具体的な成果をあげている分野があり、その根本にシュタイナーの思想があるとすれば、一部に間違いを含むといったことならありえるだろうが、その思想が根本的に間違っているとは考えにくい。

シュタイナーがウソつき、詐欺師だったとしてみよう。シュタイナーの思想とは、彼が口から出まかせに語ったものだとしてみよう。そのようなものに基づいて教育、医学、農業を行った時、それらが高い評価を受けることなど、あり得るだろうか。

7　思想が一貫している

肯定的な評価の立場から、否定的な評価に対するもう一つの反論を挙げておく。それは、シュタイナーの思想がおよそ40年にわたってほぼ一貫していることである。

彼は最初の著書といえるゲーテの自然科学論文に対する解説を、１８８４年に出している。彼が死亡したのは１９２５年だが、その間のおよそ40年間に出版された著書は数十冊に及ぶ。また１９００年ごろからはヨーロッパ各地で講義を行うようになり、その多くは速記されて後に出版されている。そのような講義録はおよそ３００冊に及んでいる。

注目すべきは、そのような著書や講義録で表明されている彼の思想の内容がほぼ一貫していることである。仮に彼がウソつきであり、詐欺師だったとすれば、40年にわたって一貫したウソをつき続けたことになる。これは常識的に考えて不可能なことだろう。また少なからぬ彼の支持者たちが、何十年にもわたってだまされ続けていたということも、同様に考えにくい。

8　どう評価すべきか

シュタイナーの思想は、ひとことでいえば「有機的」だといえる。詳しくは後述するが、部分の寄せ集めではなく、部分どうしが密接に関連し合っている。（有機的な場合、厳密にいえば「部分」という発想自体が不適切なのだが、説明の都合上「部分」としておく。）

機械の場合、各部品は独立しているため、停止中に一つの部品を外しても周囲に直接の影響はない。しかし人間のような有機体の場合、ある部分を切り取れば、周囲どころか、有機体全体に影響を与える。シュタイナーの思想とはそのようなものだといってよい。

そのような意味からしても、シュタイナーの思想が根本的に間違っていた場合、教育、医学、農業などの分野で積極的に評価されるような成果が上がることはあり得ない。逆にいえば、それらの分野で積極的に評価されるような成果が上がっているということは、根本の思想が完全無欠とまではいえないにしても、基本的に正しいからだと考えられる。

9　ゲーテ

ここで、シュタイナーに大きな影響を与えたゲーテ（1749～1832）に触れておこう。

ゲーテは詩人、あるいは文学者として有名だが、それは公的な職業ではないという意味では「趣味」とも呼べるものだった。もちろん趣味にしては偉大すぎる業績ではあるが。

彼の公的な仕事は枢密顧問官、今でいう大臣であり、晩年は総理大臣だった。当時のドイツは神聖ローマ帝国で、国内は200～300に分裂していた。その中の一つにワイマール公国（後に大公国）があり、ゲーテはその枢密顧問官だった。

同時にゲーテは自然学者、今でいう自然科学者だった。彼はさまざまな分野の研究をしているが、中でも重要な業績を残しているのは色彩論と形態学である。ゲーテ自身、自分の最大の業績は詩などの文学作品ではなく色彩論だと述べている。彼の自覚としては、詩人である以上に自然学者だったのかもしれない。

10　シュタイナーとゲーテ（1）

シュタイナーは傾向として見る限り、物事をゲーテ的に見て、ゲーテ的に考え、ゲーテ的に表現しているといえる。とはいえシュタイナーがゲーテを単にまねたわけではない。シュタイナーの思想は独自性が非常に高く、そのような意味では孤立していたといってもよい。そのようなシュタイナーが、ある面で自分に類似した思想、類似した傾向、そして適切な表現方法をゲーテの中に見出したのである。

研究者としてのシュタイナーの経歴はゲーテ研究から始まる。19世紀後半、ドイツ国民文学叢書（編集者の名前からキュルシュナー版と呼ばれる）の刊行が企画され、ゲーテについては文学作品のみならず、自然科学関係の著作・論文までもがそこに収められることになる。この時、22歳という若さでその監修者に指名されたのがシュタイナーだった。彼は収録するゲーテの論文を自分で選び、配列し、注を付け、解説を書いている。彼はさらに、別のゲーテ全集（ゾフィー版／ワイマール版）でも自然科学の巻の監修を行っている。

11 シュタイナーとゲーテ（2）

西洋近代科学の創始者とされるガリレイやケプラーは物質の研究者、これを集大成したとされるニュートンも物質の研究者であって、彼らはいずれも生物の研究者ではなかった。このような点からも明らかなように、西洋近代科学は最初から物質科学（無機科学）として始まっている。そのため長い間、生物は研究対象とされることがなかった。

やがて、生物にしか作れないとされていた有機物が人工的に合成されたことなどがきっかけになり、生物と物質の間の壁が取り払われていく。こうして生物も西洋近代科学の研究対象に含められるようになるが、それは物質科学の方法で生物を研究するものでしかなかった。これに対しゲーテは、生物の研究には物質科学とは異なる独自の方法が必要だと考えていた。そこから生まれたのがゲーテ自然学であり、文字通りの生命科学、有機科学であった。

シュタイナーはゲーテを、生命科学（有機科学）の創始者として称えている。このような、ゲーテ自然学の画期的な意義に初めて気づいたのがシュタイナーだった。

12 アントロポゾフィー

驚くほど広範囲に及ぶシュタイナーの活動（後述）の基盤にあるのが、ゲーテからヒントを得て、彼自身が応用発展させた見方・考え方である。それは人間を意味する「アントロポス」と知恵を意味する「ゾフィー」から「アントロポゾフィー」と名づけられている。シュタイナー本人の命名であり、日本では「人智学」と訳されることもある。ゲーテは最後まで「自然」の研究というスタンスを崩さなかったが、シュタイナーはその手法を応用し、「人間」をその精神的な面まで含めて考察している。

ゲーテもシュタイナーも、物事を有機的に捉える。あらゆるものが関連していて、孤立したものはないと考えている。そのような考えを、ごくあたり前に受け入れる人もいるが、現代においては圧倒的に少数派の考え方でしかない。だからこそ、ゲーテの思想もシュタイナーの思想も広く理解されず、また高い評価を受けることないまま現在に至っているといえるだろう。

1　教育（1）

シュタイナーの業績の中でもっともよく知られているのは教育である。以前からシュタイナーの名前を聞いている人がいるとすれば、それはシュタイナー教育によるものである可能性が高い。ただし正式にはヴァルドルフ教育という。1919年に世界で最初に作られた、シュタイナー教育を実践する学校の名前が自由ヴァルドルフ学校であり、ヴァルドルフ教育という名前はこれに由来している。

試験がない、数値の成績がないというだけで、いかに画期的な学校であるかがわかる。無理やり勉強させるのではなく、楽しく学ぶ、楽しいから自ら学びたくなる。このような発想が基本になっている。

入学試験による選抜が一切なく、また途中の段階でも試験がないのに、一般には大学進学率が高い。

2　教育（2）

シュタイナー教育を実践する学校は世界に1200校以上、幼稚園は2000園以上あり、特に近年は急速に増加している。学校数1200校という数は、一つの教育思想に基づくものとしては世界最多にして史上最多である。

特定の教育思想が一時的に一地域や特定の集団において絶大な支持を集めるということであれば、それほど珍しいことではない。しかしそのような支持が一時的なブームに終わることなく長期的に継続すること、ましてや一地域や特定集団を超えて広まるといったことはほとんどない。そのような中、シュタイナー教育は100年にわたって支持されてきた上に、世界中に広まっているわけだから、それだけでも大いに注目に値する。

親子三代、四代にわたってシュタイナー教育を受けたという人たちもいる。その教育を受けた人が高い評価を与えているということが、その教育に対する最大の評価だということができるだろう。

3 教育（3）

シュタイナー学校では１００年前から、男女が共に12年間同じことを学んでいる。１００年前であれば男女が別々に学び、女性には女性向けの教育、いわゆる良妻賢母教育がなされるのがあたりまえだったし、そもそも12年もの期間は必要とされていなかった。しかしシュタイナー学校では１００年も前から女性を12年一貫の学校に迎え入れ、男性と同じ教育を行ってきた。

同様のことが社会階層についてもいえる。あくまでも傾向だが、ヨーロッパでは頭脳労働者の子どもは頭脳労働者に、肉体労働者の子どもは肉体労働者になることが多い。親が大学を出ていれば子どもも大学に進学し、親が大学を出ていなければ子どもも大学には進学しないといった傾向がある。特にドイツの場合、子どもたちが皆同じ学校で学ぶのは、現在でも最初のわずか四年間でしかなく、その後は進路によって別々の学校に進む。しかしシュタイナー学校は今から１００年も前に、すべての社会階層の子どもたちに対して開かれた学校として誕生した。

4 教育（4）

シュタイナー学校で行われるのは「何かになるため」の教育ではなく、あくまでも「人間として成長させるため」の教育である。したがって将来何になるかによって内容を変える必要も、学校に通う期間（年数）を変える必要もない。もちろん性別によって内容を変える必要もない。どんな人であれ、最低12年間の教育が必要だと考えている。

シュタイナー学校では、自由に生きられるようになることこそが目標と考えられており、「自由への教育」という言葉がしばしば用いられる。教育の役割とは知識を与えることではないし、ましてや進学・就職の世話をすることそれ自体ではない。

ここで述べたことは、「今だから」あるいは「今になって」ようやくあたりまえになりつつある事柄である。１００年前にはほとんどの人が思いつかなかったし、仮に思いついたとしても反社会的と見なされて、実行に移すのは困難だったはずである。このような点からも、シュタイナーは時代を先取りし過ぎた思想家だといえるだろう。

5 医学（1）

シュタイナーによるアドバイスを手がかりに、彼の人間観を基盤にして成立した医学がアントロポゾフィー医学である。ドイツやスイスには病院があり、アントロポゾフィー医学の専門講座をもつ大学もある。ドイツとスイスでは、すべてのアントロポゾフィー製剤が医薬品として登録され、処方が許可されている。また他の国でも準医薬品のような扱いを受けているところは多い。

日本ではほとんど知られていないが、世界には伝統医学など、西洋現代医学以外の医学が多数存在する。ただしこの点に関するアントロポゾフィー医学の位置づけは、かなり特異である。西洋現代医学と併存する多くの伝統医学は通常、西洋現代医学と知識を共有していない。まったく別の医学であり、両者の間には基本的に対話が成り立たない。しかしアントロポゾフィー医学の場合、西洋現代医学の知識を基本的にはすべて受け入れている。その上で、そこに不足する知識を加えるという形をとる。したがって西洋現代医学に関する知識は共有され、対話も成り立つ。

6 医学（2）

簡単にいえば「西洋現代医学＋α」がアントロポゾフィー医学ということになる。ただしαの部分はかなり膨大である。このような意味において、アントロポゾフィー医学は西洋現代医学を包括する。

このことは医師免許のあり方が端的に示している。アントロポゾフィー医学の医師は西洋現代医学の医師免許をもっている。まずは西洋現代医学を学んで一般の医師免許を取得し、その上でアントロポゾフィー医学を学んでいる。つまり必要があれば、西洋現代医学の知識や薬剤だけで治療を行うこともできるし、実際に法的な縛りによって、そのようにしなければならない場面も存在する。したがってアントロポゾフィー医学は、西洋現代医学と対立するものではない。

アントロポゾフィー医薬品の製薬会社としてはヴェレダ、ヴァラ、ヘリクソールなどが有名である。これらの製品のうち医薬部外品であれば、日本のデパートや大手スーパーなどでも入手可能になっている。

7 ゲーテ研究

シュタイナー教育（ヴァルドルフ教育）とアントロポゾフィー医学について説明したが、以下では、それ以外の主な活動分野をおおまかに説明しよう。

最初に挙げるべきはゲーテ研究である。シュタイナーの研究者としての最初の業績はゲーテ研究、中でもゲーテ自然学研究だった。

すでに述べた通り、彼はドイツ国民文学叢書（キュルシュナー版）のゲーテ自然学の巻の編集を担当し、後に高く評価されることになる解説を書いている。その後、ほぼ同時並行的に出版されたもう一つのゲーテ全集（ゾフィー版／ワイマール版）でも、ゲーテ自然学の巻の編集を担当している。こうしてゲーテ自然学の専門家としては、シュタイナーの右に出る者はいないという状況になっていた。

シュタイナーはこれらの経験に基づき、『ゲーテ的世界観の認識論要綱』『ゲーテの世界観』などの著作を執筆している。

8 芸術

一般的な学問に携わる研究者は、芸術を軽視することが多い。学問が客観的な事実を求めるものであるのに対し、芸術は個人の頭、あるいは心の中のイメージが源泉だとして軽視する傾向がある。しかしシュタイナーは（そしてゲーテも）、学問と芸術は同じ源泉から発しているとして、芸術を学問と同等に評価している。教育は芸術的でなければならないとし、また日常生活も芸術的であるべきだと考えている。

そんなシュタイナーは、自ら画家として絵筆をとり、また彫刻家として「のみ」をふるっている。舞台の台本を執筆し、それどころか舞台監督として実際に見本を示しながら役者の指導まで行っている。彼の演技は真に迫るもので、悪魔を演じた時は本物の悪魔に見えたという話が伝えられている。

ゲーテの色彩論をベースにした独自の色彩論を生み出している他、シュタイナー学校で必修となっているオイリュトミーというまったく新しい運動芸術も、彼の創始である。

9 建築

現在、シュタイナーの名前は教育と共に広まっている。しかし日本において、知識人の間で最初にシュタイナーの名前が知られるようになったのは、建築家・シュタイナーだった。当時のシュタイナーは、サグラダファミリア（スペインのバルセロナ）で有名な建築家・ガウディと並び称されていた。

彼は自らの活動拠点としてゲーテアヌム（「ゲーテの館」の意）を建設し、火災による焼失後は、同じ場所に第二ゲーテアヌムを設計している。前者は木造、後者はコンクリート製と素材は異なるが、いずれも他に類例を見ないきわめて斬新な設計として注目を浴びている。また第二ゲーテアヌムは、当時としては最大のコンクリート建築と見られ、彼の才能がデザインだけではないことがうかがわれる。

じつはガウディもゲーテ自然学を研究していたという。彼が読んでいた本は、シュタイナーが解説を書いた本のカタルーニャ語訳だったと推測されている。ただしガウディの所持品は死後に散逸してしまったため、正確なことはわかっていない。

10 社会論

第一次世界大戦に敗れたドイツでは、新しい社会のあり方、社会の仕組みが模索されていた。そんな中でシュタイナーが唱えたのが社会有機体三分節化である。簡単にいえば、社会を精神、法・政治、経済の三領域に分節するという提案である。

精神領域の原則は自由、法・政治領域の原則は平等、経済領域の原則は友愛である。これら自由・平等・友愛はフランス革命の際に捉えられた人類の理想（近代社会の理想）であり、誰もが支持するにもかかわらず、これらの理想を実現した社会は存在しない。それはなぜかといえば、これらの理想が相互に矛盾してしまうからである。これらを同時に実現するためには、社会を三分節化する以外にない。社会有機体三分節化は、自由・平等・友愛の理想を同時に実現できる唯一の提案なのである。

人間が自分らしく生きられる領域が精神領域である。現在、この領域は法・政治と経済に従属させられてしまっている。各々が自分らしく生きられる社会を作るためには、この領域を自立・独立させる必要がある。

11 死と転生

人間が物質（身体）だとすれば、死によって物質（身体）が崩壊すればすべての終わりである。しかし精神を重視し、人間の中心は精神だと考えるシュタイナーは、死によってすべてが終わるわけではないとしている。彼は人間の死後の様子や、転生（生まれ変わり）についても詳しく語っている。

１９７０年代ごろから臨死体験研究が本格的に始まり、その後は、生まれながらに持っている前生のものと思われる記憶や、退行催眠によってよみがえった記憶などを手がかりにした研究が行われている。このようにして、それまでは宗教の専売特許だった「死後」が、研究者によって学問的に扱われ、国際的な学会も作られるようになる。

シュタイナーはそのような研究が本格化する半世紀前に死亡している。したがってそれらの研究成果を目にすることはなかった。しかし、その後の研究が明らかにしてきた内容に非常に近いことを、すでに半世紀も前に語っている。いわばシュタイナーが語った内容に、現在の研究が近づいているといえるような状況にある。

シュタイナーの時代には、カントが大きな影響を与えていて、カント的な学説こそが正しいと無批判的に信じられているかのような状況だった。そのような中、シュタイナーは認識論においても、実践論（自由論）においても、カントを正面から批判している。また『哲学の謎』という膨大な西洋哲学史を執筆している。

哲学者ニーチェは、シュタイナーとほぼ同じ時代に活躍した人物である。今でこそ高い評価を得ているニーチェだが、当時はまったくというほど評価されていなかった。そのニーチェの価値を見出し、いち早く評価した人物がシュタイナーであり、『ニーチェ』という本まで執筆している。

ニーチェが別荘として利用し、『ツァラトゥストラはかく語りき（こう語った）』を執筆した建物が、現在は博物館（記念館）として公開されている。数々の展示があるが、その最初の展示物はシュタイナーと彼の著作『ニーチェ』である。つまりニーチェの側も、最初に評価してくれ人物がシュタイナーであることを公的に認めているということになる。

13　バイオダイナミック農法

シュタイナーによるアドバイスに基づいて成立した農法があり、日本ではバイオダイナミック農法と呼ばれている。有機農法の一種であることは間違いないが、単なる有機農法ではない。農場が一つの完結した生態系であることを理想とする循環型農業であり、星座や、月や惑星の位置を考慮するなど、自然や宇宙の力を存分に利用する点に大きな特徴がある。この農法で作られた農産物はデメターという商標で売られている。デメターはヨーロッパの有機農産物の代表的なブランドである。

有機農法は、環境破壊や食糧危機が心配される今日において大いに期待されている農法である。知る人は少ないが、シュタイナーはこのような有機農法の先駆者の一人であり、有機農法の歴史の本にも登場する。当時はまだ、化学肥料や化学農薬がこれから大量に使われようとする時代だった。そのような非常に早い段階で、それらを使用することによる危険性を指摘した先見性は高く評価されている。

14　むすびとして（1）専門性

シュタイナーが活動した分野は他にもたくさんあるが、キリがないのでこのあたりで終わりにしておこう。これだけでも、彼の活動が超人的であることは十分に理解できるだろう。もちろん、単にあちこちに首を突っ込むだけなら誰にでもできるかもしれない。しかしシュタイナーの活動はそのようなものではない。

たとえば、シュタイナーが行った医学講座は、医師などの医療関係者を対象とした講座である。そこでは医師でもないシュタイナーが、医学の専門家を前にして医学的内容を語っている。農業講座も同様で、農業従事者である専門家を対象とした講座である。つまりそこで語られた内容は、専門家を納得させられるものだった。

そもそもこれらの講座は、医師や農業従事者の側からの依頼によって開催されている。専門家ではないシュタイナーにそのような依頼がなされるということ自体が、シュタイナーに対する評価の高さ、あるいは彼に対する絶大な信頼を示しているといえるだろう。

15 むすびとして（2）根源性

先にシュタイナーを万能の天才と呼んだが、ここまでの説明で、少なくともある程度は納得ができたのではないだろうか。専門家をうならせるだけの活動を、これだけ多くの分野で行うということは、通常は不可能である。

ただし彼が万能に近かったかどうかよりも、はるかに重要なことがある。それは以上に紹介した分野がすべて有機的に結びついているということである。それぞれの分野での活動は、個別ばらばらのものではなく、すべて同じ根源から発している。極端な言い方をすれば、一つの理論を多くの分野に応用しているということに他ならない。逆の見方をすれば、もとが一つの理論だからこそ、これほど多くの分野で活動できたということでもある。

もちろんその根源は、単純な数式で表せるようなシンプルな理論ではない。とはいえ、ここでいう根源にあたるもの、あるいはその応用まで含めたものがアントロポゾフィーだと言ってよいだろう。

16 むすびとして（3）普遍性・汎用性

アントロポゾフィーの驚異的な普遍性・汎用性について、話を単純にするためにもっとも代表的な教育・医学・農業に絞って説明しよう。

言うまでもないことだが、これら三分野は互いに無関係であり、各々が独立した分野だというのが一般的な理解である。したがって、教育の理論を農業に応用しようなどと考える人が出てくるはずはない。

しかしシュタイナーの場合、これら三分野の根源は同一である。それは極端な言い方をすれば、教育の根源にある理論を使えば病気が治るし、よい作物ができるということに他ならない。なぜそのようなことが可能なのか。それは、それぞれの分野の違いを無視できるほど、理解を深めているからだと考えられる。と同時に、そこまで深めているからこそ応用範囲が広く、普遍性・汎用性が高いということになる。現在の一般的な学問とは比べものにならないほどの普遍性・汎用性を持っているのが、アントロポゾフィーなのである。

思想の傾向

1 思想の独自性

次章からシュタイナーの思想を具体的に解説する。その前にシュタイナーの思想全般に共通するおおまかな傾向について解説しておきたい。このような傾向について知ることは、シュタイナーの思想を学ぶための準備になるだけでなく、「なぜシュタイナーの思想は理解が困難なのか」という理由の一端を知ることにもつながる。

「なぜシュタイナーの思想は理解が困難なのか」については、本書の中でさまざまな理由を挙げている。すでに指摘したように、シュタイナーが時代を先取りし過ぎた思想家だということも、その一つである。

ここではシュタイナーの思想の傾向が一般的な思想の傾向と大きく相違するという点を取り上げる。その相違のために、シュタイナーの考え方は多くの人々にとって「不思議」「奇妙」であり、人によっては「間違い」とすら感じられてしまう。

「思想の傾向」などと言われてもピンと来ない人が多いだろう。意味が多少ずれることになるが、ここではわかりやすさを優先して、随時「考え方」に置き替えよう。要するに、シュタイナーの考え方は一般的な考え方と大きく異なっている。そしてそのことがシュタイナーを、我々にとって理解困難なものにしている。

2 西洋近代科学との関係

現在の一般的な考え方の基盤にあり、同時に理想とされているのは、西洋近代科学である。皆が西洋近代科学を専門的に学んでいるわけではないが、社会で共有されている考え方の基盤は、間違いなく西洋近代科学である。

西洋近代科学の考え方とシュタイナーの考え方がと大きく異なるということは、ひとことで言ってしまえば、シュタイナーの考え方は「非科学的」ということに他ならない。実際にシュタイナーの思想は、しばしば「オカルト」「宗教的」などというレッテルを貼られてきた。あるいは「おかしな思想」「あやしい思想」などと見られてきた。

3 西洋近代科学が基準なのか？（1）

シュタイナーを学ぶにあたって確認しておくべきことは、西洋近代科学は「唯一絶対の正しい基準」ではないということである。少し考えれば容易に明らかになることだが、このことが意外に理解されていない。

西洋近代科学も、広い意味においては一つの考え方に他ならない。マクロな視点で見れば、この世界に存在する無限ともいえる考え方の中の一つでしかない。相対的なものでしかない一つの思想を「唯一絶対の正しい基準」とするのは、端的にいって間違いである。のみならず、思想の多様性を認めない社会とはきわめて危険な社会でもある。そのことは歴史が証明しているといってよい。

一方で、西洋近代科学は現代社会に広く受け入れられている。その点から見れば、間違いなくもっとも「優勢」な考え方である。その事実を否定することはできないし、否定する必要もない。しかし「優勢」であることを根拠に、それと矛盾する思想が間違いだということは、もちろんできない。

4 西洋近代科学が基準なのか？（2）

人間や社会、そして世界はきわめて複雑であり、そのすべてを見よう（知ろう）とすれば、たくさんの視点が必要になる。したがって、さまざまな考え方が共存するのは当然である。それぞれの考え方に得意／不得意、長所／短所があるので、相互に補い合う必要がある。

現在の特定の思想を絶対視するということは、進歩を否定することでもある。たとえば１００年後の西洋近代科学は、現在よりもはるかに進歩していることだろう。その時点から振り返ったとすれば、現在の西洋近代科学には多くの欠点が見出されることだろう。現在の特定の思想を絶対視するということは、その思想は現時点で完全無欠だということであり、今後の進歩を否定することに他ならない。逆にいえば、進歩の可能性を認めるのであれば、現時点ではつねに「間違っている可能性」を認める必要がある。

主に西洋近代科学について述べたが、そのことはそのままシュタイナーの思想についてもあてはまる。シュタイナーの思想を絶対視する態度も、もちろん誤りである。

5 精神重視（1）

シュタイナーはもちろん物質の存在を認めている。とはいえ根本にあるのは物質ではなく精神だと考えており、精神（広くは物質以外のもの）を重視する傾向にある。これに対し西洋近代科学は、少なくとも西洋近代科学の主流は、物質のみを認める物質科学である。

西洋近代科学も、もちろん生きている人間と死んでいる人間の違いは認めるし、その違いを生み出している生命的な機能の存在も認める。しかし「生命そのもの」の存在を認めることはない。心についても同様であって、心理学においてすら、心的な機能の存在は認めても、「心そのもの」の存在を認めない立場が有力となっている。そのような西洋近代科学の立場からは、生命や心の存在を主張しただけで「非科学的」と見なされてしまう。

したがって、そのような西洋近代科学が生命や生物に関する事柄を扱うこと自体に問題がある。しかしこのような事実に、多くの人々は気づいていない。

6 精神重視（2）

もしも完全な学問分野というものがあるとすれば、他の学問分野はすべて不要になるだろう。逆にいえば、どんな学問分野もそれだけでは不完全で限界がある。したがって、西洋近代科学が生命や生物を扱えないという指摘は、西洋近代科学をおとしめるものではない。西洋近代科学は、物質については多大な成果、それも非常に優れた成果を挙げているが、物質以外のことについては多くを語ることができない。

西洋近代科学はガリレイ、ケプラー、ニュートンなどによって切り開かれたわけだが、彼らの研究対象は基本的に物質に限定されていた。したがって西洋近代科学が物質科学であるのは当然のことといえる。西洋近代科学が生命や生物を扱えないことを非難する必要はないし、ましてやガリレイ、ケプラー、ニュートンなどを非難する必要もない。責任はその限界を意識することなく、人間を含むあらゆるものを物質科学の手法のみで研究しようとしている、我々自身にあるといえるだろう。

7 精神重視（3）

シュタイナー教育の雰囲気は多くの人に好まれる。しかしそのような人が教育の基盤にある思想を知ると、否定的な評価をすることが少なくない。西洋近代科学の立場からは、生命や心の存在を積極的に認める教育が非科学的なものに見えてしまうからである。

しかし生命や心がないならば、それは人間ではなく物質であろう。人間のように動いてはいても機械と見なす以外にない。したがって生命や心を認めない教育とは、機械的な教育ということにならざるを得ない。これに対し人間的とされる教育は、シュタイナー教育に限らず、一般に生命や心の存在を認めているのみならず、それらを重視している。

このような点からすれば、教育は大きく二分できる。「人間的な教育と機械的な教育」である。しかし後者を支持する人たちからは、この対比がそのまま「非科学的な教育と科学的な教育」、あるいは「宗教的な教育と非宗教的な（＝まっとうな）教育」に置き替えられてしまう。

8 精神重視（4）

常識的に考える限り、我々は単なる物質ではない。我々も世界の一部だから、世界に存在するのは物質だけではないことになる。にもかかわらず、世界には物質しか存在しないという考え（唯物論）が広く普及している。なぜ唯物論が支持されるのか。シュタイナーによれば、それは唯物論が単純明快だからである。

唯物論は「無視できそうなもの」や「あいまいなもの」、しっかり考えようとすると「面倒なもの」を存在しないことにして、切り捨ててしまう。そうすれば思考のプロセスも結論も単純明快になるし、説明も単純明快になる。そのために費やす時間や労力を大幅に削減することができる。要するに考えるのが「らく」になる。

人間も社会も世界も、現実は非常に複雑である。複雑なことをそのまま単純な形で説明できるなら、それは結構なことだろう。しかし単純に説明できないことをすべて切り捨ててしまい、単純に説明できることだけを残したのだとすれば、現実を語ったことにはならない。

9 全体から（1）

シュタイナーが精神（広くは物質以外のもの）を重視するのに対し、西洋近代科学は物質のみを認めるという違いについて説明した。これと密接に関連することだが、シュタイナーは全体を重視し、つねに全体から考えようとする。これに対して西洋近代科学は部分を重視し、部分から考える傾向にある。次にこの点を取り上げてみよう。

一般には、部分が集まることで全体になると考えられている。その場合、先に存在するのは部分であって、部分こそが根本であり、真の存在は部分ということになる。だとすれば、全体とは部分の寄せ集めであって仮の存在でしかない。部分を取り除いていけば、全体は失われてしまう。

これに対しシュタイナーは、先に存在するのは全体であって、全体こそが根本であり、真の存在は全体だと考える。部分とは全体の上に、仮に設定されたものでしかなく、本当の意味では部分など存在しないとする。西洋近代科学に慣れた視点からは、シュタイナーの考えの方がよほど奇妙なものに思えることだろう。

10 全体から（2）

しかし生物について、たとえば人間について冷静に考えてみれば、シュタイナーの考えこそが正しいと納得できるはずである。

我々の身体に、機械を構成するような本当の意味での部分（部品）が存在するのだろうか。もちろん、たとえば頭・胴・腕・脚といった形で、部分の名称を挙げることならできる。しかし頭と胴はつながっていて明確な区切りはないし、ましてや取り外すことなどできない。したがって厳密な意味では部分とは呼べないはずである。

機械の場合、部品を取り替えることが可能である。その場合、隣の部品や全体には特に影響を与えない。部品が劣化して取り替えたのだとすれば、全体にはむしろよい影響を与える。しかし人間の場合、基本的には「部分」の取り替えがきかない。医学の発達によって取り替えられる「部分」もあるとされているが、それを実現するためには、付随するたくさんの困難を乗り越える必要が出てくる。

11 全体から（3）

全体こそが根本だということは、生物の発生プロセスからも確認できる。

我々はそもそも一つの受精卵から発生している。現時点ではさまざまな部分があるようにも見えるが、それらはすべて受精卵という全体から分化したものでしかない。全体から、たしかに部分のようなものが生じるものの、それは全体から切り離されることはなく、全体の一部であり続けている。

これに対し、機械は部分（部品）から組み立てられて一つの全体が完成する。となりあった部分（部品）が物理的に連結することはあっても、もともとは互いに無関係であり、各々が独立した部分（部品）である。

科学技術の進歩によって、ロボットが人間になるといった話がささやかれている。たしかにロボットの機能は人間に近づいていくだろうが、ここで述べた点からすればロボットが人間になることはありえない。なぜならロボットは部分（部品）から作られた集合体であるのに対し、人間は一つの全体だからである。

12 全体から（4）

機械のような物質・無生物は、部分から構成されていると考えても特に問題はない。（完成状態としての、全体の精神的イメージこそが根本だと考えることもできるが、ここでは取上げない。）これに対し、生物はつねに全体として存在する。

したがって先に存在するのは部分であり、真の存在は部分だとする一般的な考え方は、物質・無生物にしか通用しない。これに対し、先に存在するのは全体であり、真の存在は全体だというシュタイナーの考え方は、主に生物に通用する。では両者は並存するものなのだろうか。

生物も無生物も環境・世界・宇宙の一部である。ここでは最大の全体を宇宙としておこう。詳しくは後述することになるが、シュタイナーは宇宙を単なる物質ではなく、いわば「生きた」存在として捉えている。そのため最初に存在するのは宇宙全体であり、真の存在は宇宙全体だとシュタイナーは考える。そして我々はそのような宇宙の仮の部分ということになる。

13 つながり（1）

次に取り上げるのは、つながりを重視するシュタイナーと、つながりを軽視あるいは無視する西洋近代科学という対比である。精神重視、全体重視の考えは、そのままつながり重視の考えになる。一方で、物質重視、部分重視の考えは、そのままつながり軽視（無視）の考えになる。

生物の場合、全体が、あるいは各部分が互いにつながっていて、周囲から切り離された部分、周囲と無関係の部分は存在しない。強い／弱いなどつながりの程度はそれぞれ異なるが、それでも全体がつながっている。足の小指の先をぶつけただけで、痛くて何も考えられない、といったことが起るのもそのためである。考える脳と足の小指は、距離的にもっとも関係が希薄なはずだが、実際には密接な関係にある。

生物とまったく同じではないにしても、宇宙も全体としての存在である。したがって宇宙を構成する部分も、互いにつながっている。周囲から切り離された部分、周囲とは無関係の部分は存在しない。

14 つながり（2）

シュタイナーによれば、宇宙（世界）全体はすべてつながっている。したがって影響関係は、どれだけ離れているものの間であっても否定されることはない。

とはいえ、宇宙のあらゆるものがあらゆるものから影響を受けているとすれば、我々は一つの物について考える際にも、宇宙のあらゆる影響を考慮しなければならなくなる。それでは頭がパンクしてしまいかねない。

影響関係には大きなものもあれば小さなものもある。現実には、小さな影響は無視して、大きな影響、重大な影響に注目せざるを得ない。では、あらゆるつながりの中で、どのような関係が大きな影響を及ぼすのだろうか。

物質世界であれば、考慮すべきは量的な関係であって、質量が大きい、距離が近い、温度が高い、圧力が大きいなどである。しかしシュタイナーが重視する影響関係は物質的なものではない。そこで重要なのは質的な関係であり、質が同じ、あるいは類似しているものの間に大きな影響関係が生じる。

15 つながり（3）

感覚で捉えられないものが存在することは、今では誰でも知っている。テレビやスマホの電波は感覚では捉えられないが、「だから存在しない」という人はいない。

シュタイナーは感覚で捉えられる世界を感覚界、感覚では捉えられない世界を超感覚界と呼んでいる。そのような世界を構成する要素についても同様に、感覚存在、あるいは超感覚存在と呼ぶことにしよう。

シュタイナーが語る超感覚界は、感覚界の外にある別世界ではない。つまり、まったく独自の場所や空間があるわけではなく、両者は重なっている、あるいは浸透しあっている世界である。そもそも我々自身が、物質的身体は感覚界にありながら、心は超感覚界に存在している。

シュタイナーは通常、感覚界と超感覚界を区別して説明する。しかし究極的な立場からすれば感覚界と超感覚界は連続した一つの世界である。世界（宇宙）はすべてつながっているのだから、感覚界と超感覚界が別の世界ということはあり得ない。

16 つながり（4）

シュタイナーは、精神と物質についてもそれと同様の態度をとっている。

一般に精神と物質は別のものだと考えられている。おおかにいえば、精神は超感覚存在であり、物質は感覚存在である。特に哲学の世界では、近代哲学の祖とされるデカルトによって、両者は明確に区別されている。常識的に考えるだけでも、精神と物質はまったく別のものだと感じられる。

シュタイナーも精神と物質の区別は認める。しかし究極の立場から見ると、精神と物質は連続しているとし、物質とは精神なのだと語っている。物質とは、いわば精神が凝縮したものだというのである。

これに関連してシュタイナーは非常にユニークな指摘をしている。思考は精神活動であり、石は物質である。精神と物質が完全に別のものだったら、我々は石について思考することができないはずである。石について思考できるのは、精神と物質が連続しているから、つまり物質もある意味で精神だからなのである。

17 普遍（理念）重視（1）

最後に取り上げるのは、シュタイナーは普遍を重視し、西洋近代科学は個物を重視するという違いである。普遍と個物という言葉自体にあまりなじみがないと思われるので、まずは言葉の説明から始めよう。

個物とは目の前に見えるいろいろな存在、一つひとつの存在のことであって、「物」と言い換えられるものが多い。イヌでも、ネコでも、スマホでも何でもよい。イヌであれば、一匹のイヌが個物のイヌである。

これに対して普遍の方は少々イメージしにくい。イヌであれば、世界中のイヌと結びついている非物質的（精神的）なものがイヌの普遍である。こちらはイメージしにくいので、以下の説明から理解を補ってもらいたい。

「イヌ」という表現は、世界中のイヌに適用される。そのため現代では、普遍は単なる表現・名前として理解されがちだが、時代をさかのぼるほど精神的な実在として理解されていた。プラトンが語るイデアはその典型である。

18 普遍（理念）重視（2）

西洋中世の時代、スコラ哲学者たちの間で普遍をテーマになされた議論が普遍論争と呼ばれている。特に問題になったのは、「普遍とは何か」「普遍と個物はどのような関係にあるか」等である。「個物とは何か」の方はほとんど問題にならなかったが、それは誰でもわかるし、一目瞭然だからだろう。名称も普遍論争であって、個物論争とは呼ばれない。

このことは意外に重要な意味を持つ。個物とは、通常は物質的存在であって、誰にでも目で見えるということである。これに対して普遍が議論の的になったのは、普遍が目に見えないからであり、基本的に精神的存在だからだと考えられる。少し前に取り上げた全体と部分の関係でいえば、究極の普遍は全体であり、究極の個物は部分である。したがって傾向としては次のようにまとめることができる。

普遍―精神的存在―全体
個物―物質的存在―部分

19 普遍（理念）重視（3）

さて、普遍と個物のどちらが真の存在だろう。一般に普遍の存在感が希薄なことは否定できない。物質重視、部分重視の現代人の多くは、迷うことなく個物こそが真の存在だと考えるだろう。しかし本当にそう言えるのだろうか。

個物のイヌ（一匹のイヌ）は、普遍のイヌが存在しなければ、そもそもイヌと呼ばれることはなかったはずである。これは単なる命名の問題ではない。（つまり単に名前がないといったことではない。）普遍のイヌが存在しなければ、イヌというカテゴリーそのものがなかったはずである。もしかするとイヌはネコやオオカミと同じカテゴリーに入っていたかもしれない。個物のイヌは、普遍のイヌが存在するからこそイヌなのであって、その意味で、個物のイヌは普遍のイヌに依存している。

個物のイヌが存在しなくても、普遍のイヌは存在可能である。たとえば世界中の個物のイヌが絶滅しても、「10年前にはイヌがいた」と考えたり、話したりすることはできる。ここでのイヌとは普遍のイヌに他ならない。

20 普遍（理念）重視（4）

現代人は、個物こそが真の存在であり、普遍は個物に依存すると考えがちである。しかし古代から中世にかけては、個物が普遍に依存するという説の方が圧倒的に優勢だった。このことは部分が全体に依存するということ、また物質が精神に依存するということに、ほぼ置き替えられる。そしてシュタイナーは、このような伝統的な思想に近い立場をとっている。

シュタイナーは、このような普遍のことを理念と呼ぶことが多い。少なくとも生物については、理念が先にあって、それに基づいて個々の存在があると考えている。たとえば個々のイヌとイヌ理念とでは、イヌの理念の方が根本的である。ただし生物の中でも人間だけは、この考え方があてはまらない側面を強く持っている。一人ひとりが自我を持つという点では、個々の人間こそが根本だということができる。

ここで取り上げた精神重視、全体重視、つながり重視、普遍（理念）重視の姿勢は、すべて相互に密接に関連している。

読書案内

◎入門書

志賀くにみつ『はじめてのシュタイナー』小学館スクウェア、2002

とにかくやさしい、驚くほどやさしい内容である。この本であれば、つまずく人はほとんどいないと思われる。初心者が最初に読む本であれば、まずはこの本をお勧めしたい。

西平直『シュタイナー入門』講談社現代新書、1999

つまずきにくい工夫が随所になされている本。共感する人の多いシュタイナー教育の話から入り、シュタイナーの生涯と基礎理論を説明し、最後に思想的な内容が説明されている。難解な話はサラリと流してしまっているため、全般的にやさしく、読みやすい。

上松佑二・子安美知子『シュタイナー 芸術としての教育』小学館、1988

著者の二人による気軽な雰囲気の対談である。二人のシュタイナーとの出会いから始まり、シュタイナー教育、シュタイナーの生涯、思想と教育、社会的な広がりなどがテーマになっている。難しい話はほとんど出てこない上に、わかりにくい言葉には説明（注）がつけられている。

子安美知子『シュタイナー再発見の旅』小学館、１９９７

著者は日本にシュタイナー教育ブームを巻き起こした人物。この著者が学校を始めとするドイツのシュタイナー関連施設を訪ねた際の体験談といえる内容である。シュタイナー学校に始まり、治癒教育の学校、バイオダイナミック農法の農場、さらには銀行や病院を訪ねる。体験談の形をとっていることもあり、内容はとてもやさしく、わかりやすい。

◎思想概説

Ａ・Ｐシェパード『シュタイナーの思想と生涯』青土社、１９９８

前半（四分の一ほど）はおおよそ年代順の記述であり、後半（四分の三ほど）はシュタイナーの活動の、いわばテーマごとの記述になっている。記述はおおよそ年代順であって、特に前半は伝記として読むこともできる。後半は思想内容が比較的詳しく解説されており、思想概説として読むこともできる。

西川隆範『シュタイナー思想入門』水声社、１９８７
西川隆範『シュタイナー心経』風濤社、２００８

どちらの本もシュタイナーの思想のエッセンスといえるものが、きわめて簡潔に記述されている。ただし「簡潔でわかりやすい」と感じる人と、「詳しい説明がないのでわかりにくい」と感じる人がいると思われる。

Ｆ・Ｗツァイルマンス・ファン・エミヒョーベン『ルドルフ・シュタイナー』人智学出版社、１９８０

他の本との最大の違いは、この著者がシュタイナーと実際に会ったことがあるという点であり、その感動が伝わってくる。思想全般というよりは、著者が重要と考えるポイントに的を絞った記述になっている。

コリン・ウィルソン『ルドルフ・シュタイナー』河出文庫、1994

シュタイナーに関する本の大半は、シュタイナーの「支持者」たちによって書かれている。それに対し、この本の著者はオカルト研究者として、シュタイナーから距離を置く形で接している。しばしば著者の視点、あるいは常識的な視点からの批判的発言が出てくる点が特徴的といえる。伝記の形で書かれたものだが、年代の記述などは少なく、思想概説として読むことができる。

中村昇『ルドルフ・シュタイナー 思考の宇宙』河出書房新社、2022

著者は英米哲学の研究者として著名な人物である。そんな著者が、「じつは私、以前からシュタイナーを読んでいたんです」とカミングアウトして、自分の理解するシュタイナーを語っている……そんな感じの本である。全般的な話、シュタイナーの生涯の他は、『自由の哲学』、ニーチェとゲーテ、『神智学』がテーマになっている。

上松佑二『光の思想家 ルドルフ・シュタイナー』国書刊行会、2022

各章が、シュタイナーの著書や主要講義の要約のようになっている点が大きな特徴である。幅広いテーマが取り上げられているため、その分、取り上げられている著書や主要講義は網羅的になっている。それぞれの章で著書や主要講義のエッセンスを学ぶことができる。

シュタイナー、西川隆範訳『神智学の門前にて』イザラ書房、1991

シュタイナー、西川隆範訳『薔薇十字会の神智学』平河出版社、1985

どちらもシュタイナー自身による連続講義である。「思想概説」と銘打たれているわけではないが、シュタイナー自身による思想概説と見て差し支えない。シュタイナー自身の講義の中では、(基礎知識があれば)かなりわかりやすいものだといえる。

シュタイナー、西川隆範訳『シュタイナーはこう語った』アルテ、2011

シュタイナー、西川隆範訳『ベーシック・シュナイター―人智学エッセンス』イザラ書房、2007

どちらもシュタイナーの著書や講義から主要部分を抜粋する形で、思想を概説する形になっている。前者は抜粋のみ、後者には解説がついている。

◎その他 (特定の分野には含まれないため紹介する機会がないが、知っておくと役に立つかもしれない本をここで紹介しておく)

西川隆範『シュタイナー用語辞典』風濤社、2008

日本語で読める唯一のシュタイナー用語辞典である。とはいえ説明の文章自体が難解であり、説明になっていないという声も耳にする。初心者がいきなり利用するのは難しいと思われる。しかしうまく使えば、大変役に立つ貴重な本である。巻末に収められた年表だけでも利用価値は高い。シュタイナー全集一覧(日本語・ドイツ語)も収められている。

ワタリウム美術館監修『ルドルフ・シュタイナー　遺された黒板絵』ワタリウム美術館監修、筑摩書房、１９９６
ワタリウム美術館監修『ルドルフ・シュタイナーの１００冊のノート』筑摩書房、２００２
ワタリウム美術館監修『ルドルフ・シュタイナーの黒板絵』日東書院本社、２０１４

シュタイナー直筆の黒板絵やノートを写真に撮って掲載したもの。利用の仕方は人それぞれだろうが、翻訳でしか接することのできないシュタイナーという人物が、ずっと身近に感じられるはずである。

上松佑二『ルドルフ・シュタイナー』パルコ出版局、１９８５

文章による説明はもちろんあるが、写真が豊富に掲載されている点が最大の特徴である。各章のテーマは芸術的なものが大半だが、目で見るシュタイナー入門のような雰囲気がある。

第2章　三分節

三分節の基本

1　対極性（1）

健康と病気の関係はとても複雑だが、それを単純化して次のように考えてみよう。「健康にする力」と「病気にする力」というものがあって、両者が正面から押し合っているとする。病気にする力が優勢であれば病気は進行するわけだが、その場合でも病気にする力だけが一方的に働いているわけではない。

たとえば薬を使って、病気にする力を抑え込んだとしよう。もしも健康にする力が働いていなければ、病気の進行が止まるか弱まるだけで、症状は改善されないはずである。健康が回復するのは、劣勢ではあっても健康にする力がつねに働いているからに他ならない。

また症状に変化がないと、何の力も働いていないように感じられる。しかしそのような時、二つの力は共に働いているものの、ちょうど釣り合っているのである。

2　対極性（2）

ある力があれば、それとは反対の力がある。二つの相反する力がセットになっているような状態を、ゲーテは対極性（分極性）と呼んでいる。本来は一つのものが二つに分かれて、いわば、反対からやってくるかのようでもある。このような二つの力は、反対でありながらも互いを必要としている。

ゲーテが挙げている例を紹介しよう。高等植物は種子・葉・がく・花弁・おしべ&めしべ・果実（・再び種子）という段階を経て一つの循環を完了するが、ここには拡張と収縮という対極性がはっきり示されている。

種子から芽が出て小さな子葉をつける。やがて本格的な葉が出て次第に大きくなる（拡張）。しかしある時点からは小さくなり（収縮）、極点まで達すると、葉はがくに変容する。その力は再び拡張して変容し、花弁ができる。その力は再び収縮して変容し、おしべ&めしべができる。その力は再び拡張して変容し、果実ができる。その力は再び収縮して種子ができる。

3 対極性（3）

植物の成長における拡張と収縮という対極性を例に挙げた。しかしここで働いている拡張と収縮の力は、先に述べたものだけではない。より詳細に観察すると、拡張と収縮の力は種々の方向から複雑に働いていることがわかる。

切れ目や刻み目が入る葉は少なくないが、それは葉が小さい時にはほとんど目立たず、大きくなるにしたがって目立ってくる。このような切れ目や刻み目を作るのは縮小の力である。内から外への拡張の力が小さい時には、外から内への収縮の力も小さく、拡張の力が大きくなればなるほど、収縮の力も大きくなる。拡張と収縮は一方が強まれば他方も強まり、一方が弱まれば他方も弱まるという関係にある。ここでは、対極性の関係にある二つの力が見事に呼応している。

人間の日常生活でも、目覚めと眠り、吐くと吸う、緊張とリラックスなど、さまざまな対極性を見出すことができる。

4 対極性と三分節

対極性は、力のバランスに注目すれば三つに区分できる。二つの力をA、Cとするなら、両端の「Aが優勢」「Cが優勢」と、中間の「ほぼ均衡（B）」の三つである。

機械的に捉える限りでは、取り立てて重要なこととは思えない。しかし生物は単に受動的な存在ではない。生物の能動的な働きに注目すれば、中間部（B）にはAとCを調和させる働きがあることに気づく。この働きは対極性だけでは説明がつかない。つまり「たまたま力が釣り合っている」のではなく、主体的に「釣り合わせる」「調和させる」働きが生物には備わっている。AとCの不調和が起った際でも、一定の範囲内であれば生物は自らそれを修正できる。

後述するように、人間であれば頭と腹・手足が対極的な働きをしている。そして中間にある胸が両者の調和を図っている。

5 「反対の対応」

これと関連する重要な捉え方を紹介しておきたい。シュタイナーは三分節の他、七分節や九分節などについても語っているが、これらについては、一枚の紙を中央で二つ折りにしたような対応が見られる。本書ではこれを仮に「反対の対応」と呼んでおく。ただし、この名称は一般的なものではまったくないので注意していただきたい(本書内でしか通用しない)。

対応する箇所については、紙に等間隔で数字を書き、それを中央で二つ折りにした様子をイメージするとわかりやすい。七分節であれば4が中央になり、1と7、2と6、3と5がそれぞれ対応する。九分節になると5が中央になり、1と9、2と8、3と7、4と6がそれぞれ対応する。三分節については説明するまでもないが、2が中央になり、1と3が対応する。A・B・Cであれば、Bが中央でAとCが対応する。

以上は抽象的な説明でしかないが、具体的な内容が加わると、なるほどと思わせるような対応が少なくない。

6 アントロポゾフィー医学の視点

アントロポゾフィーを基盤にした医学はアントロポゾフィー医学と呼ばれている。多くの伝統医学の場合と同様、アントロポゾフィー医学では病気を局所的にではなく、全体的に捉えようとする。ここでいう全体には精神なども含まれるが、身体に限定すれば全身ということであり、対極性や三分節という視点が大いに役に立つ。全体的に捉えようとするこのような発想は、西洋現代医学にはほとんど見られないといってよい。

身体を大きく捉えると、上(頭)からの力と下(手足)からの力のバランスで成り立っている。わかりやすいのは子どもの成長である。比率で考えれば、誕生時にもっとも大きく、物質的に完成しているのは頭である。「大きくする力、物質的に完成させる力」は頭から始まって下へと進んでいく。しかし最初に動かせるようになるのは手足である。「動かす力、機能させる力」は手足から始まって上へと進んでいく。成長とは、上からの力と下からの力が一体化したものだといってよい。

7　身体の対極性

身体の対極性について、もう少し具体的に見ておこう。身体的に見ると、頭と四肢（手足）という対極性がもっとも明確である。特に頭と足であれば、方向（位置）としても上と下という明確な対極性をもつ。

頭を物理的に動かす機会はほとんどない。頭は身体中でもっとも動かない部分である。これに対して、四肢はもっともよく動く部分である。

頭寒足熱という言葉も手がかりになる。頭は動かないから熱を発しにくく、冷えている状態の方が心地よい。これに対し手足はよく動いて熱を発し、温められている状態の方が心地よいし、またすぐに動かしやすい。

それぞれの骨の形状も対極的である。頭蓋骨は丸く膨らんだ形をし、頭にとって大切な脳を内側に含んでいる。一方、四肢の骨は棒状で、四肢にとって大切な筋肉を外側につけている。シュタイナーは、頭蓋骨を裏返したものが四肢の骨に相当すると述べている。

8　症状の対極性

身体だけではなく、病気などの症状も対極性で捉えることができる。ここでは硬くなる症状と柔らかくなる症状という対極性に注目してみよう。

硬くなる症状とは多くの場合、熱が失われて冷えた状態であり、水分も失われている。生物が物質化・無生物化する方向だといってよい。秩序が過剰になり、変化に乏しくなっている状態である。

一方の柔らかくなる症状とは、一般に炎症と呼ばれるものが相当する。多くの場合に熱をもち、また水分が多くなる。過剰に生命化・生物化する方向だといってよい。秩序が失われ、わずかな刺激でも変化してしまう状態である。生命化と聞けばよいイメージが浮かぶかもしれないが、重要なのはバランスであって過剰な状態はよくない。

身体の状態は一様ではない。頭と手足を比較すると、頭の本来の状態は硬くなる症状に近く、手足や腹は柔らかくなる症状に近い。治療においては一律に中間状態に近づけるのではなく、それぞれの本来の状態に近づけることが目標になる。

9　身体の三分節（1）

対極性に劣らず重視されるのが三分節である。さまざまなものを三分節で捉えることが可能だが、身体の場合、もっとも基本となるのは次の三分節である（これとは異なった表現が用いられることもある）。

上部領域　神経感覚系
中間領域　呼吸循環系（リズム系）
下部領域　四肢代謝系（運動代謝系）

上部領域を「頭」、中間領域を「胸」、下部領域を「腹・四肢」などと呼ぶこともある。いずれにしても分節である限りは、完全に切り離されているわけではない。したがって傾向、あるいは主にといった話でしかない。たとえば上部領域（あるいは頭）には、神経や感覚が特に集中している。とはいえ神経や感覚は中間領域にも下部領域にも存在する。中間領域が呼吸循環系と呼ばれること、下部領域が運動代謝系と呼ばれることについても、同様に理解される必要がある。

10　身体の三分節（2）

前述のように、上部領域（頭）は相対的に冷えている状態が望ましい。これに対し下部領域（腹・四肢）は相対的に温かい状態が望ましい。つまり身体には、冷やしておくべき部分と温めておくべき部分とが共存している。これは同じ身体でありながらも、領域ごとに相反する要求がなされているということに他ならない。

身体を一律のものとして捉え、全身を同じように温めて／冷やしていたのでは、各々の領域は不調に陥ってしまうし、やがては病気になってしまうことだろう。このような矛盾した要求を満たすためには、下部領域は温め、上部領域は冷やす（温めない）といった反対のことを、つねに同時に行っていかなければならない。

それに加え、状況に応じて温める程度も変化する。気温が低ければより温かくするし、運動して温まっていれば、むしろ冷やそうとする。そういった非常に複雑な作業を行っているのが中間領域である。中間領域は、単に二つの力がたまたま釣り合っている場所ではない。

11　部分の三分節（1）

以上は全身の三分節の話だが、三分節はさらに狭い範囲にも見出される。範囲の取り方次第だが、どこにでも見出せるといってもよいほど適用範囲は広い。

頭の三分節について考えてみよう。頭を正面から見た際、頭頂からだいたい目のあたりまでを上部領域と捉えることができる。神経感覚系の中枢は言うまでもなく脳である。脳のある場所こそが上部領域の中の上部領域といえる。また目はしばしば感覚器官の代表として捉えられる。目や視神経を含む部分も、上部領域の中の上部領域に含めることができる。

その下の鼻を中心とするあたりが中間領域だといえる。鼻は呼吸のための器官であり、中間領域の中枢の一つである肺に直結している。

その下の口を中心とするあたりが下部領域である。口は食道を通じて内臓と直結している。また、あごは頭の中で唯一の本格的な可動部分であり、その意味では頭の中の四肢だといえる。

12　部分の三分節（2）

さらに範囲を狭めても同様に考えることができる。たとえば歯の三分節を取り上げてみよう。前歯の部分は、食物がかめる硬さかどうかを察知する役目をもっている。そのような意味で神経感覚系だといえる。そして小臼歯は舌と共に咀嚼のリズムをつかさどるリズム系であり、大臼歯は、いわば力づくで咀嚼する運動代謝系と考えることができる。

次に手の三分節について考えてみよう。もっとも感覚が繊細なのは指、中でも指の先端であり、この部分が神経感覚系である。これに対し運動代謝系、特に運動系といえるのは親指のつけ根や手首の周辺である。これらの部分は手の中で一番力を入れやすい。呼吸循環系はわかりにくいが､両者の間､手のひらの部分がそれに相当する｡感情は胸との関連が強く､手のひらはその感情の領域でもある。

同様のことは身体の各部について考えることができる。その際、先端は神経感覚系か運動代謝系のいずれかになる。

1 思考だけ

現代の教育が思考偏重になっていることは、いまさら指摘するまでもない。本当の意味で「考える力」を伸ばしているとは言えそうにないが、思考（頭）ばかりを鍛えようとしていることは間違いない。

このような状況に対しては、「思考（頭）ばかりでよいのか」という疑問の声が聞かれるようになってきている。「そうはいっても受験のためには……」といった多くの声に埋もれている状況だが、「それではいけないはずだ」という声は少しずつ大きくなってきている。

しかし、そこではたと困るのは「思考以外に何があるのか」という点である。もちろん身体があることはわかるが、それは思考と同次元の存在とはいえない。思考と並んで、あるいは思考に代わって重視されるべきものとは、いったい何だろうか。

2 意志とは？

シュタイナー教育では、思考と並んで重視されるべきものとして感情と意志を挙げる。そしてこの思考・感情・意志は、三分節の代表例といってよいものでもある。以下では思考・感情・意志について、三分節の視点から見ていくことにしよう。

これらのうち思考と感情がそれぞれどのようなものであるかについては、おおよそのイメージがわくと思われる。これに対し、意志とはどのようなものかと問われると、答えるのは意外に難しい。国語の文法に「意志（意思）の助動詞」というものがあるためか、「～しよう」と考えることを意志だと思う人が多いのだが、そうではない。「～しよう」と考えるだけなら、それは思考である。

ここで使われている意志は日常用語ではなく哲学用語である。哲学における意志とは、行動がなされる際に、そこに作用している精神的な働きを指す。身体に向けて下されている精神的な命令・指示と考えるとわかりやすい。その意味では「意志 ≒ 行動」と捉えても、さほど間違っているわけではない。

3　思考・感情・意志の対応（1）

前述した身体全体の三分節と、思考・感情・意志の対応について考えてみよう。

すでに「思考（頭）」と表記している通り、思考は頭、上部領域に対応する。これについては、ほとんど異論がないと思われる。

感情は胸、中間領域に対応する。感情が高まれば、心臓の鼓動は激しくなり、呼吸は乱れる。感情の変化にもっとも対応するのは心臓や肺である。

意志は下部領域、腹と四肢に対応する。「意志 ≒ 行動」と述べたが、行動の際の主役は四肢であり、そこにエネルギーを供給するのは腹である。そのような意味でも、腹と四肢こそが意志との結びつきがもっとも強い。

以上を踏まえた上で、それぞれの特徴を加えると左の表のようになる。

思考	上部領域・頭	静的	一般的・抽象的	意識的
感情	中間領域・胸			半意識的
意志	下部領域・腹四肢	動的	個別的・具体的	無意識的

4　思考・感情・意志（2）

個々の内容については以下で説明を加えるとして、まずは三者の関係をおおまかに捉えておこう。表から明らかなように、感情はどの項目においても思考と意志の中間に位置している。

このことからも明らかなように、この三者は三角形の頂点や円周上の三点に位置づけられるものではない。むしろ思考と意志を両端に置いた、線分や帯のような形で捉える方が適切である。そして感情はつねにその中間に位置づけられる。対極性の関係にある思考の力と意志の力が両端から相手の方向へと発せられ、感情の周辺では両者の力のバランスがとれている、といったイメージである。

思考と意志を両端に置いた線分／帯の場合、その線分／帯はとりあえず思考・感情・意志によって三つに分割される。とはいえ各々の領域は明確に区切ることができず、大幅に重なり合っている。思考と感情は徐々に移行し合い、また意志と感情も徐々に移行し合う。

5 思考＝頭／意志＝腹手足（1）

思考・感情・意志のおおまかな関係については前述の通りである。したがって、思考と意志を対比しながら学ぶことが、理解のための近道になる。

「意志≒行動」であるとすれば、「思考≠行動」である。前述した通り、頭は人の身体の中でもっとも静的な部分である。身体の運動の大半は肩以下で行われ、頭は単に首の上に載るようにできている。適度な散歩ならともかく、激しく動いている時に思考は働かない。

「意志≒行動」と述べたが、意志が四肢と結びつくことについては、特に説明の必要はないだろう。そのような意志を長期的な視点で見るなら、生きる力として捉えることもできる。人間を根本的なところで生かしている部分、すなわち生命の源は腹（内臓）である。腹こそが、栄養・エネルギーを摂取して人間を生かしている。したがって意志は腹とも強く結びついている。

6 思考＝頭／意志＝腹手足（2）

脳死という概念が登場して以来、脳こそが生命の場だと思う人が増えている。しかし脳死状態に陥った妊婦が出産した例もあって、そのような考えに対する重大な反例になっている。そもそも脳がなくても生きられることは、植物や下等動物などを見れば明らかである。脳が生命の場だというなら、脳がない植物は生きていないことに、つまりは生物ではないことになってしまう。

植物は心臓がなくても生きられるわけだから、心臓も生命の場とはいえない。生きる根源となる働きの一つは間違いなく栄養摂取、エネルギー摂取である。そのような意味においては、腹こそが中心的な生命の場といえるだろう。

補足すると、心臓死は栄養摂取・エネルギー摂取の停止とほぼ同時である。したがって心臓が停止した瞬間を死と見なしても、ほとんど問題は生じない。しかし脳死の場合、栄養摂取・エネルギー摂取の停止とは大きくずれることがある。このことから、脳死をめぐるさまざまな問題が生じているといえる。

7 思考＝一般的・抽象的／意志＝個別的・具体的（1）

思考の対象となるのは一般的・抽象的なものであって個別的・具体的なものではない。…という言い方そのものが抽象的でわかりにくいので、具体例をあげて説明しよう。

目の前に一本の木があるとする。木をよく見れば、一本ずつが異なっている。目の前に物質的に存在するのは一本ずつ独自の特徴をもった、他の木とはどこかしら異なる木である。世界中を探しても、それと完全に同じ木は存在しない。しかし思考の対象となったとたん、その木は一般化され、単に「木」と呼ばれる。この「木」は、世界中のすべての木に適用される一般的・抽象的なものである。もとの木にあった独自の特徴はすでに失われていて、世界中の個性あふれるすべての木は、思考の中では「木」という一般的な存在になってしまう。

「木」以外にも「桜」「広葉樹」「植物」などいろいろな一般化・抽象化の可能性があるが、いずれにしても、もとの木にあった独自の特徴は失われている。

8 思考＝一般的・抽象的／意志＝個別的・具体的（2）

これに対して意志⇒行動はつねに具体的であって、独自の特徴をもたない「木」、一般化・抽象化された「木」を扱うことができない。「この場所に特定の木ではない一般的な木を植えてほしい」と言われても、それを実行することは不可能である。

思考と意志の関係を別の面から考えてみよう。対象との関係を比喩的に表現するなら、行動を伴う意志は対象に向かう情熱をもつことから「熱い」と表現できる。これに対し思考は対象からむしろ距離をとろうとするから「冷たい」と表現できる。意志が未来に向かう行動であるのに対し、思考は過去の情報に基づくといった違いもある。このような意味において、意志は熱さ、生、未来、柔軟などと、そして思考は冷たさ、死、過去、固定などといったものとの相性がよい。

常識的な立場から、思考は非現実的、意志は現実的ということも可能である。「現実」が物質的・感覚的な現実を意味する限りでは、それは正しい。ただしシュタイナーは物質的なもののみならず、精神的なものにも現実性を認めている。

9　思考＝意識的／意志＝無意識的（1）

思考が意識的であるのに対し、意志は無意識的である。このうち思考が意識的であることについての説明は不要だろう。

意志は無意識的である、といきなり言われてもすぐにはわかりにくいが、このこと自体、意志が意識にのぼりにくい無意識的なものであることを示している。一般には「意志は無意識的だ」と考えるのではなく、「無意識的なものが意志だ」と考えた方がわかりやすい。意志は行動（動き）の背後にあるものだから、身体の無意識的な動きのことを考えると、特にわかりやすくなる。

では身体の無意識的な動きにはどのようなものがあるだろう。最初にあげるべきは心臓の収縮であり、また呼吸だろう。呼吸は意識することも可能だが、通常は無意識である。もしもこれらが意識的にのみ行われていたとすれば、眠ったり、あるいはボーッとしたりしただけで心臓や呼吸は止まってしまう。食べ物の消化も、口で噛んで飲み込むこと以外は無意識のうちに行われている。

10　思考＝意識的／意志＝無意識的（2）

歩くとか手を挙げるといった意識的な行動であっても同様の面がある。「歩こう」「手を挙げよう」というところまでは、間違いなく意識されている。しかし実際にそれを成し遂げるための、個々の筋肉や骨の具体的な無数の動きは無意識によってコントロールされている。

このように見ていくと意志の範囲が大変幅広く、どこにでも見出せるものであることに気づく。我々の生命を根底で支えている行動は、その大半が無意識である。人間のもっとも基本的な行動は、すべて無意識だといってもよい。

一口に意志といってもその範囲は広い。もっとも根源的で、もっとも意識されにくい面は「生命を保持する働き」「生き抜く力」「生命力」などと表現できるだろう。それよりも多少表面的で多少なりとも意識されやすい面は「人生観」「生きざま」「人間性」など、比較的表面的で意識されやすい面については「やる気」「根気」「忍耐力」などの言葉を使って表現できる。

11 感情は両者の中間（1）

思考と意志を対比して説明してきたが、ここで感情についても取り上げておこう。前述した通り、感情は基本的に思考と意志の中間として理解すればよい。

思考は一般的・抽象的であり、意志は個別的・具体的である。前述の通り、常識的な立場から物質的・感覚的なもののみを現実とみなすなら、思考は非現実的であり、意志は現実的だといえる。そして感情は思考のように現実から切り離されることは少ないが、意志ほど現実と一体化しているわけでもない。

思考が意識的、意志が無意識的であるのに対し、感情は半意識的である。悲しんでいても怒っていても、自分の感情を意識することはできる。だからこそ「泣いたらみっともない」「怒っては損だ」「笑ってはいけない」などと考える。にもかかわらず、「知らず知らずのうちに泣けてきた」「ついカッとなってしまった」「思わず笑ってしまった」といったことが起こる。感情は思考ほど意識的ではないが、意志ほど無意識的でもない。

12 感情は両者の中間（2）

思考は頭、意志は腹手足との結びつきが強いのに対し、感情は胸との結びつきが強い。日常用語では感情がしばしば心と表現されるが、その心がどこにあるかといえば漠然と胸と考える人が圧倒的に多い。感情が高ぶることによって心臓は大きく鼓動するし、呼吸は激しくなる。感情と胸との関係はこのような事実からも確認できる。

思考は静的、意志は動的であるのに対し、感情はその中間である。思考ほど静的ではないが、意志ほど動的ともいえない。

感情が動と静の中間であることを、より上手に表現する言葉の一つがリズムである。ここでいうリズムとは二つの状態の交代であり、ずっと動き続けているわけではないが、ずっと静止しているわけでもない。

感情と胸との関係についてはすでに述べたが、胸にある心臓も肺もリズムをきざむ典型的な臓器であり、一定のリズムを刻んでいる状態が望ましい。感情とリズムとの結びつきは、このような点からも確認できる。

1 社会有機体三分節化

社会有機体とは、社会をある意味で有機体、すなわち生き物として捉えたものである。生き物としての社会には三分節の考え方が適用できる。

社会有機体三分節化（社会有機体三層化）とは、社会を精神領域、法・政治領域、経済領域の三つに分節することをいう。シュタイナーによって第一次世界大戦後のドイツで唱えられ、一時は大きな社会運動になった社会改革案である。とはいえ結局のところ、この案が採用されることはなかった。

制度的に見れば、現在の社会を支配しているのは法・政治領域である。しかし実質的には経済領域がすべてを支配しているように見える。経済領域が本来の範囲を超えて他の二領域に侵入し、それらを支配しているといえそうである。一方で精神領域は、他の二領域にすっかり支配されているような状況にある。

2 人間と社会の三分節

人間の三分節と社会の三分節は次のように対応する。

①上部領域（神経感覚系）―経済領域　世界・環境から人へ
②中間領域（呼吸循環系）―法・政治領域　全体の調整
③下部領域（四肢代謝系）―精神領域　人から世界・環境へ

単純にいえば経済領域は人間の頭に、精神領域は、たとえば足に相当する。したがって経済領域と精神領域を区別しない社会とは、人間の頭と足を区別しない社会、頭で歩かせ、足で考えさせようとしている社会だといってよい。シュタイナーにとって当時の社会とは、そのくらいバカバカしい状態だった。（現在の社会にもあてはまる。）このことを前提に述べるなら、社会有機体三分節化とは一つにまとまっている社会を、わざわざ三つの領域に分節するものではない。そうではなく、本来三つに分節されているはずの各領域を、本来のあり方に沿った形で区別して扱うにすぎない。頭は頭として、足は足として、本来の役目を担わせるものだといえる。

3 経済領域とは

三つの領域のうち、経済領域と法・政治領域については比較的イメージしやすいと思われる。ただし経済領域については次の点に注意が必要である。

現在、経済といえばお金のことだと考える人が多い。たしかに現在の経済をお金抜きに論じることはできない。とはいえお金とは本来、商品の対価として支払われるもので、経済においては補助的な役割しか持っていない。

シュタイナーは経済の役割を、「あるものを正当な理由で必要とする人に、それを届けること」だとしている。この点から考えれば、経済の根本はお金ではなく食糧と見るべきだろう。豊かな社会では気づきにくいことだが、誰もが正当な理由でもっとも必要としているのは、間違いなく食糧である。

前述の通り、経済領域は人間の三分節のうち神経感覚系に対応する。神経感覚系の役割が、世界の情報を取り入れて必要な所に届けることであるように、経済領域の役割は、自然の産物（主に食糧）を取り入れて必要な所に届けることだといえる。

4 精神領域とは

三つの領域のうち、多くの人がわかりにくいと感じるのが精神領域である。ただしこの点は、法・政治領域と比較するとわかりやすくなる。

人間には、すべての人間に共通する側面と、各人で、あるいは民族などの集団ごとに異なる側面がある。前者のような共通性を扱うのが法・政治領域であり、後者のような、いわば個性を扱うのが精神領域である。逆にいえば、法・政治領域は個性を扱わないし、精神領域は人間の共通性を扱わない。

精神領域には各人の生来の素質に基づくすべてもの、したがって身体的な素質に基づくものまでもが含まれる。芸術的才能、学問的才能、身体形姿、運動能力など、個人によって異なるものはすべて、この精神領域に含まれる。また民族ごと、文化ごとに異なるものも、すべての人間には共通しないので精神領域に含まれる。

我々は、顔を含めた身体形姿こそがその人をもっともよく表わしていると思いがちだが、シュタイナーは各人の最大の違いを精神に見出している。

5 精神領域の重要性（1）

経済や政治と比べて精神領域はそれほど重要とは思えない、と感じる人は多いはずである。しかしシュタイナーは、精神の重要性に気づかないこと自体が深刻な社会問題だと述べており、社会問題とは第一に精神問題だと断言している。

近代社会に生きる我々は、「自分らしく」生きたいという強い思いを持っている。「人間らしく」を支えるのは法・政治領域だが、「自分らしく」を実現するためには精神領域の確立が必要になる。

シュタイナーの時代、多くの労働者たちが人間らしく扱われていないと感じていた。そのため、人間らしく扱われることを求めて社会運動、労働運動に参加した。しかしシュタイナーに言わせれば、当時の労働者たちが本当に求めていたのは「人間らしく」ではなく「自分らしく」生きることだった。「人間らしく」生きたいという主張に隠されて、本人たちですら気づいていなかったのだが、本当の願いは「自分らしく」生きることだったのである。

6 精神領域の重要性（2）

現在は物質的に非常に豊かな時代である。周囲には車、パソコン、スマホ…と便利なものがあふれている。そしてその分、精神領域の重要性には気づきにくくなっている。しかし、我々の周囲にあふれる物質は原材料のままではない。

たとえば鉄、さらにいえば鉄鉱石がそのまま大量に置かれていても、豊かだと感じることはないだろう。我々が豊かだと感じられるのは、原材料が製品に変化しているからである。そしてその変化には、労働力や機械などさまざまなものが関わっている。とはいえその変化の主役は間違いなく精神である。精神が車、パソコン、スマホ…を発明しなければ、現在のような豊かさはあり得なかったはずである。

このように考えると、我々の周囲は物質に満ちているが、じつはそれが精神に満ちたものであることに気づく。我々の周囲を満たすのは単なる物質ではなく、精神が宿った物質である。豊かな物質文明とは、そのまま精神文明でもある。このような点からも、精神領域の重要性を確認することができる。

7 経済領域と精神領域の対極性（1）

我々は分節されていない社会に生きている。そのような社会でも、「それなりにやっていける」ような気がしている。シュタイナーは対極的な領域は分節されなければならないとしているが、経済領域と精神領域はどのような点で対極的なのだろう。

まず「物質的 ― 精神的」という対極性が指摘できる。経済領域の場合、食糧に注目するなら間違いなく物質的である。精神的なものでお腹が満たされることはない。一方の精神領域が精神的であることについては説明不要だろう。

これと関連して、「自然に依存 ― 自然から独立」という対極性も指摘できる。食糧生産がほぼ全面的に自然に依存していることは指摘するまでもない。これに対し精神領域はかなりの程度、自然からは独立している。

少し視点を変えると、「世界・環境から与えられる ― 世界・環境に与える」「受け取る ― 生み出す」といった対極性も指摘できる。これらの点は人間の三分節との関係からも明らかであろう。

8 経済領域と精神領域の対極性（2）

経済領域と精神領域については、「連携する ― 孤立する」「世界的 ― 個人的」といった対極性も指摘できる。

経済領域はあらゆるものとつながろうとする。これは世界各地で採れた食糧が食卓に上っていることを考えるとわかりやすい。経済が安定するためには、またよりよいものを手に入れるためにも、つながることが望ましい。これに対し、精神領域の事柄は基本的にその個人こそが主役である。一般に、外部からの影響は少なければ少ないほどよい。

経済領域と精神領域は、これほどまでに対極的でありながら、現在の社会では分節されていない。たとえばグローバル化は経済主導（経済領域）の動きだといえるが、これによって地域の伝統や、地域ごとの文化や言語などといった精神領域の事柄の多くが消滅の危機にさらされている。それなりにやっていけると思ってしまうのは、精神領域の重要性に気づいていないからに他ならない。

9　管理機関（1）

さて、社会を分節するということだが、具体的に何をすればよいのだろう。もっとも重要なポイントはそれぞれの領域の管理機関を別にすることであり、また各領域の原則を明確にすることである。

まずは管理機関について説明しよう。とりあえず単純に考えるなら、分節化された社会においては各領域に一つずつ、合計三つの管理機関が必要になる。

現在は、公的に認められている社会の管理機関は国家しか存在しない。つまり国家の中に社会がある（たとえば日本という国家の中に日本社会がある）という状況だが、三分節化された社会では、社会の中に国家があるという状況になる。

現在は前述した三つの領域が、制度的にはすべて国家によって管理されている。しかしこの現状は、三分節化の視点から見ると非常に奇妙なものだと言わざるを得ない。その最大の問題は、対極的なものが同一の機関によって管理されているという点である。

10　管理機関（2）

対極的なものが同一の機関によって管理されている状態とは、泥棒の活動と、それを取り締まる警察の活動が同一機関によって管理されているような状態である。これに対して三分節化された社会では、国家が管理するのは法・政治領域のみに限定され、対極的な二領域については各々別の機関が管理することになる。

ここでは経済領域の管理機関をアソシエーションと呼んでおこう。必要に応じて、専門知識を備えた人々からなるさまざまなアソシエーションがあって差し支えない。ただし大規模なもの、全体をまとめるようなアソシエーションには、生産・流通・消費という各部門の代表がそろって参加する必要がある。

シュタイナーは、精神領域の管理機関についてはほとんど語っていない。それは、各々の自主管理が基本であって、外部から管理されないことが理想だからであろう。とはいうものの、他の領域に管理されないためにも独自の管理機関が必要になる。

11　経済領域は国家を超えている

現在は国家がすべてを管理している。この状況にすっかり慣れている我々は、国家以外の機関が社会を管理するとか、三つの機関が社会を管理するといった説明には違和感を持ちやすい。なぜ国家の管理ではいけないのかを説明しておこう。

現在の経済活動は国境を超えたグローバルなものになっているが、国家が国外のことにまで口を挟めば内政干渉になってしまう。これがアソシエーションであれば、必要に応じて国外のアソシエーションと連携することが可能である。

また法・政治領域では、いつでもどこでも通用する一般論が語られるが、そのような発想で経済領域を管理することはできない。経済領域では、同じ種類のミカンでも地域によって味が違うように、個々別々の事柄に一つひとつ対応しなければならない。さらには時々刻々変化する状況に、随時、対応していく必要がある。このような経済領域は、その道の専門家ですら管理が困難だとシュタイナーは指摘している。それを国家（具体的には法律の専門家）が管理するという発想はナンセンスというしかない。

12　精神領域は国家と無関係

個人的な事柄が国家と無関係であることは容易に理解できる。同様に、民族などの集団ごとに異なる文化的な事柄も国家とは無関係なのだが、このことが日本人には非常に理解しにくい。というのは日本の場合、文化的な事柄の適用範囲が、国家の範囲とほぼ一致してしまうことが多いからである。しかしこれは、日本の特殊事情であることを知っておく必要がある。

日本では正しい日本語表現や正しい漢字、要するに言語や文字に関する事柄に国家が介入するのが当たり前になっている。しかし、たとえばアメリカ政府が「アルファベットのBを別の文字に変える」と決めたらどうだろう。世界中から反対の声があがるだろうし、それ以前に、そんなことは「ありえない」と多くの人は思っているはずである。国家が文字を変更するというのは、それほど奇妙なことなのである。日本の場合、国外への影響が少ないために非難を受けずに済んでいるにすぎない。個人的な事柄はもちろんだが、文化的な事柄も本来は国家とは無関係である。

13 三領域の原則（1）

社会を分節する際のポイントは、それぞれの領域の管理機関を別にすることであり、各領域の原則を明確にすることだと述べた。次に各領域の原則について説明しよう。

各領域には異なる原則がある。その原則は精神領域が自由、法・政治領域が平等、経済領域が友愛である。

精神領域の原則は自由である。この領域では各人が自分の個性に基づいて自由に活動することができる。と同時に、この自由は精神領域に限定された原則となる。法律の解釈や適用の仕方、あるいは経済活動が自由だとすれば、たとえば社会的弱者を守ることはできない。

法・政治領域の原則は平等である。「法の下の平等」という言葉が、それをよく表している。精神領域では人間の個性に目を向けるが、これに目を向けてはいけないのが法・政治領域である。すなわち各人がどのような人であるかに関わりなく、すべての人が平等に扱われなければならない。

14 三領域の原則（2）

経済生活の原則は友愛だが、この言葉は自由や平等と比べると特に日本ではなじみが薄く、イメージしにくい。ドイツ語の「友愛」という言葉は、「兄弟」からの派生語であり、兄弟愛を意味する。他者のことを考える、他者を思いやる、自分のことだけを考えない、といった意味に理解して差し支えない。

近代社会とは分業社会である。ほとんど意識されていないことだが、そこでは誰もが「他者のために」「他者のための」商品を生産している。よりよい商品を開発しようと日々努力しているともいえるが、これはそのまま他者のためになることだし、また社会のためになることでもある。これ自体が、すでに友愛の実践だと言うことができる。

シュタイナーは、我々は消費においては利己主義的だが、生産においては利他主義的になると述べている。我々はすでに友愛を実践しているわけで、これが意識的になされるようになれば、社会はさらに友愛に満たされることになるだろう。

15　近代社会の理想の実現

自由・平等・友愛（博愛）と聞けば、多くの人は「どこかで聞いたことがある」と思うはずである。これはフランス革命のスローガンと一致している。そしてこのスローガンは近代社会の理想を表すものとして、高い評価を受けてきた。この理想を否定する人、たとえば「人間は不自由であるべきだ」という人はいないと言ってよい。にもかかわらず、この理想を実現した社会は存在しない。

誰もが実現を望んでいて、しかも誰も反対したり抵抗・妨害したりしない理想が、なぜ実現しないのだろう。これは「実現しない」のではなく、「実現できない」「実現不可能」なのである。なぜならこの三つの理想は相互に矛盾する。たとえば自由を重視すれば平等が軽視され、平等を重視すれば自由が軽視される。

その不可能を可能にする唯一の方法が、社会有機体三分節化である。社会を三分節化、すなわち三つの領域に分節することによって初めて、自由・平等・友愛という三つの理想は同時に実現することが可能になる。

16　労働と賃金（1）

現在では、「労働によって得た賃金で生活する」のが当たり前である。しかし扶養家族が多かったり、さまざまな事情で労働できなかったりすれば、生活は不可能になる。また賃金が労働によって得られることから、「労働が買い取られている」という理解がなされている。このことが労働者に、人間的に扱われていないという不満を抱かせ、シュタイナーの時代には激しい社会運動、労働運動が行われていた。

社会有機体三分節化の提案の中で、シュタイナーは数々の画期的な提案をしている。その中でも最大級のものが、「労働と賃金を切り離す」という提案である。この提案が実現すれば、「労働によって得た賃金で生活する」必要はなくなるし、「労働が買い取られる」こともなくなり、これらの問題は難なく解決される。我々は「労働が買い取られている」と思っている。しかし本来、買い取られているのは商品であって労働ではない。商品に値段がつくために、その生産のための労働にも値段がつくように勘違いされているに過ぎない。

17 労働と賃金（2）

労働は本来は買い取られていない。工場で働くのと同じ程度の運動、たとえばスポーツをしたとしても、それに対して給料が支払われることがないのは、商品を生産していないからである。商品だけが買い取られているのであって、それによって得られたお金が、契約に基づいて配分される。それが賃金である。

現在の社会では、労働と商品の間に明確な区別（分節）がないために、前述したような誤解が生じてしまう。しかし三分節化された社会では、労働が法・政治領域の管理のもとに置かれ、商品とは明確に区別（分節）される。そうなれば企業の都合で、いわば好き勝手に労働させるようなことも困難になる。これによって労働条件は大幅に改善される可能性が高いし、「労働と賃金を切り離す」ことも可能になる。

とはいえ、労働と賃金を切り離した場合、いったいどうやって生活するのかと疑問に思う人も多いだろう。

18 労働と賃金（3）

シュタイナーは、明言こそしてはいないが、生活のために必要な金額を各家庭に支給するようなイメージをもっていたらしい。その場合、家族の人数等によって支給額には大きな差が出ることになる。このような社会の根本になければならないのは、まさに友愛である。そしてその実現のためにも、労働と賃金を切り離すことが必要になる。

シュタイナーは、ある靴の公正価格とは「次にそれと同じ靴を作るまで間、本人とその家族を養うための必要額」だと述べている。扶養家族が多ければ、同じ靴の値段が通常の数倍にもなりかねない。しかしここで言いたいのはそのようなことではなく、生活に必要な金額が得られるようにしなければならないという点だと考えられる。ここで注意すべきは、「今回の靴から次回の靴まで」という未来の期間の必要額とされている点である。ここからは、「過去の労働に見合う金額」ではなく、それとは無関係に「生活のための必要額」であることを示そうとする意図が読み取れる。

19 経済領域 — 年をとる貨幣

以下では各領域から、興味深いトピックをいくつか取り上げる。

貨幣とは本来、商品などを交換するための単なる手段に過ぎない。それがなぜ特別扱いされるのかといえば、時間と共に物の価値が下がるために、相対的に貨幣の価値が上がるから、というのが最大の理由である。

シュタイナーは、商品にも一生があるというユニークな見方をしている。商品は生産され、流通し、消費されることで一生を終える。売れ残るなどした場合でも、次第に年をとって元気がなくなっていく。つまりは価値が下がる。

死が訪れるのは自然の摂理である。商品だけではなく、労働者も、工場も、機械も、道具も、すべてのものは、やがて年を取って死が訪れる。しかしそのような中、貨幣だけは例外であり、いつまでも若々しく生き続ける。シュタイナーはこのような貨幣に使用期限を設定することで、老化や死をもたらすことを提案している。これが実現すれば、お金を特別扱いする最大の理由がなくなることになる。

20 経済領域 — GLS銀行

社会有機体三分節化の理想を踏まえて設立された、大変ユニークな銀行がドイツにある。名前をGLS（ゲーエルエス）銀行という。

多くの人は銀行にお金を預けても、きちんとお金が返ってくるなら、さらにそこに多少の利子がつくなら、それで満足する。そのお金が、銀行によってどのように運用されているのか、どんな企業に貸し付けられているのか等については、まったく関心をもっていない。シュタイナーは、それではあまりにも無責任だとして批判している。

前述のGLS銀行では、融資先の分野・部門を預金者が自分で指定することができる。利率も、ゼロから一般的な率までの範囲内で自由に設定することができる。半分でもいいし、「いらない」ということも可能である。もしも利子がいらないということになれば、お金を借りる人の負担は非常に軽くなり、支援という形に近づく。こうして預金は、単に預けるため、あるいは利子をもらうための預金ではなく、特定の分野で努力する人々を支援するための預金になる。

21 法・政治領域 ― 民主主義・多数決（1）

現在では、民主主義といえば無条件に正しいものとされる風潮がある。民主的な手続きで決めたもの、要するに多数決で決めたものはすべて正しく、またその決定には従わなければならないとする暗黙の了解がある。

しかしシュタイナーはこのような安易な態度を戒めている。多数決の基盤にあるのは平等の原則である。したがって平等の原則が通じない領域に、多数決が適用されてはならない。

三領域についていえば、多数決が適用されるのは法・政治領域のみである。経済領域では、それぞれの分野に通じた専門家の意見が優先されなければならない。また精神領域では本人の意見が最大限に尊重されるべきで、周囲の人が与える影響は最小限にとどめられる必要がある。

シュタイナーは、民主主義を尊重するものの、民主主義にすべてを管理させるのは誤りだとしている。

22 法・政治領域 ― 民主主義・多数決（2）

前述の通り、多数決が適用されるのは法・政治領域のみである。とはいえ法・政治領域であっても、あらゆる場面で多数決が適用できるわけではない。多数決が適用されるのは、皆が平等、つまり対等の立場が取れる事柄、皆が同じように理解でき、皆が同じように判断できる事柄に限られる。

皆が同じようには判断できない事柄は意外に多い。たとえば居住地によって判断が異なる、年齢（層）によって判断が異なる、収入によって判断が異なる、性別によって判断が異なるといったものである。シュタイナーの立場からすれば、これらの事柄について多数決で決めるのは間違いである。とはいえ現実には、そのことに気づかれることのないまま、多数決で押し切られてしまっていることが多い。

多数決を適用する際には、皆が平等な立場が取れる問題なのかどうかを事前に確認する必要がある。そうでない場合、専門家の意見に従うなど、別の方法を探さなければならない。

23 精神領域 ― 裁判

シュタイナーは、被告人が裁判官を指名できるようにすべきだと主張している。これに対しては、被告人が有利になるという批判もあると思われるが、そもそもシュタイナーは、被告人を罰することが裁判の目的だとは考えていない。

裁判は法に基づいて行われる。しかし、法を具体的にどのように適用するかということになると、個別的な問題になる。その人の個性を理解できなければ、法をもっともふさわしい形で適用することはできない。そのためシュタイナーは裁判を、法・政治領域ではなく精神領域に属するものだと述べている。わかりやすくいえば、裁判官の役割を教師に近いものとして見ているということである。

教師が生徒のことをよく知らなければ、適切な教育はできない。じつは裁判も同様であって、裁判官が被告人のことをよく知らなければ、適切な判決は下せない。シュタイナーが考える裁判とは、法律を機械的に適用するものではなく、個性に応じて、個性を十分に考慮して適用するものだということになる。

24 精神領域 ― 社会と教育

社会有機体三分節化を唱えたシュタイナーは、シュタイナー教育の創始者として広く知られている。社会の三領域はどれも重要であり必要不可欠だが、シュタイナーが特に熱を入れて論じたのは精神領域であり、その中でも教育だった。

社会有機体三分節化は、健全な社会を作るための提案である。とはいえ健全な社会とは、その仕組みを作るだけでは生み出すことができない。他にもさまざまなものが必要になるが、特に重要なのは社会の担い手となる健全な構成員である。「健全な社会を築き上げ、それを維持するためには、社会の健全な構成員が必要」ということであって、気づいてみればごく当然の発想である。そしてこの社会の健全な構成員を育てるために必要なのが、健全な教育である。

シュタイナーの社会論と教育論は、いわば車の両輪のような関係にある。1919年（第一次世界大戦が終結した年の翌年）のシュタイナーは、この社会改革案の実現と学校設立という二つの目標のために尽力していた。

十二感覚

1 感覚はいくつ？

シュタイナーの十二感覚論は、三分節の考えを感覚に応用したものではない。とはいえ三分節と密接に関連するため、ここで紹介しておく。

五感という表現が示すように、一般に感覚といえば視覚、聴覚、嗅覚、味覚、触覚の五つだと考えられてきた。そのため感覚が十二あるといきなり言われても、「多すぎる」と感じる人が大半であろう。しかし本当に感覚は五つだけなのだろうか。

たとえば手触りの感覚（触覚）と温かさの感覚（熱感覚）は、一般には触覚としてまとめられている。しかし両者は皮膚の受容器が別であることがはっきりわかっていて、現在では別の感覚として扱われている。このことだけでも、感覚が六つ以上あることは確実だといえる。とはいえ感覚が具体的にいくつあるかについては諸説あって、現時点での定説はない。

2 十二感覚

シュタイナーは今から１００年前に、感覚は十二あると主張している。まずは十二種類の感覚を三つのグループに分けて示しておこう。

第一グループ（身体的感覚・意志感覚・下位感覚）
1触覚・2生命感覚・3運動感覚・4平衡感覚

第二グループ（心的感覚・感情感覚・中位感覚）
5嗅覚・6味覚・7視覚・8熱感覚

第三グループ（精神的感覚・認識感覚・上位感覚）
9聴覚・10言語感覚・11思考感覚・12自我感覚

全体としてみると十二の感覚は四つずつ、三つのグループに分けられる。ここではこれらを第一グループ～第三グループと呼んでおく。また後述するように「1触覚と12自我感覚」「2生命感覚と11思考感覚」といった形での「反対の対応」が指摘できる点は興味深い。

3 触覚（1）

触覚によって知られるのは「ざらざら」とか「つるつる」といった手触りである。（手には限らないが手触りとしておこう。）そのため触覚とは、皮膚が触れた外側の世界の感触を知る感覚だと思われている。しかし触覚の神経は皮膚の外には出ていない。したがって触覚が直接感じているのは自分の皮膚の動きであって、外側の世界に近いものではあるが、外側の世界そのものではない。

つまり「ざらざら」という感覚は、自分の皮膚がそのような感じで動いているということに他ならない。その皮膚の動きを外側の世界に適用している、あるいはその皮膚の動きから外側の世界を推測しているということになる。

触覚が感じている皮膚は、外側の世界と接する「自分の側」の境界である。したがって触覚は、「どこまでが自分か」という空間的な意味での境界・限界を知覚している。つまり触覚が働くことで、自分が空間の中に正しく位置づけられる。触覚が最初から正常に働かない場合には、自分を空間の中に正しく位置づけることができない。

4 触覚（2）

胎児の場合、触覚はまだほとんど機能していない。子宮の中で羊水に浮かぶ胎児は、自分に境界があることすら理解していないらしい。

初めて境界の存在に気づくのが出生時である。産道を通る時、全身にわたって強い圧迫を受ける。この経験は誕生後に向けた大切な準備にもなっている。

圧迫を経験したとはいえ、誕生後の赤ちゃんはまだ胎児に近い状態にある。言い方を変えれば、赤ちゃんはまだ世界と一体化している。その世界から自分を区切る（自立させる）役割が、触覚には与えられている。触覚が正常に働かないと、自分を確立する（自立させる）ことが困難になる。そのような意味で、触覚はアイデンティティを確立する基盤にもなっている。

うまくできたもので、赤ちゃんは抱きしめられることが大好きである。したがって赤ちゃんのニーズに沿った子育てをしていれば、触覚は正常に育つ。たくさんの接触が繰り返され、自分がどこまでかを知るようになる。

5　生命感覚（1）

我々はいつでも自分の調子の良し悪し、身体的な快不快などを内側から感じ取ることができる。そのためにわざわざ鏡に自分を映す、体温を測るといったことをして外側から調べる必要はない。これが生命感覚である。ただし「良し悪し」「快不快」とはいうものの、一般に「良し」や「快」はわかりにくく、「悪し」や「不快」の方がわかりやすい。その典型は疲労感や不調感である。

この感覚の重要性については説明するまでもない。この感覚がまったくなければ生命を保つこと自体が非常に困難になり、何も気づかないうちに死んでしまいかねない。

生命感覚は「どこまで耐えられるか」という、自分の限界を知るためにも役立っている。そこから自尊心、あるいは節度や自信などを育てる基盤となる感覚でもある。

生命感覚が本格的に機能し始めるのは触覚と同様、やはり出生時である。それまではつねに母親から届けられていた酸素や栄養も届かなくなる。ここから生命感覚が本格的に働き始める。

6　生命感覚（2）

生きているものは一定の範囲でリズムを刻む。これこそが生きていることを示す重要な証拠にもなっている。心臓の拍動、呼吸、満腹と空腹、目覚めと眠りなどがその代表であり、このリズムが規則的なほど健康的といえる。一時的に心臓の拍動や呼吸が乱れることはあっても、健康であればすぐに通常のリズムに戻る。それが戻りにくいとすれば不健康な状態にある。

一般に、感覚は使わなければ育たない。そしてこのようなリズムの中でこそ生命感覚は育つ。生命感覚を育てるためには、適度なリズムを保つことが重要である。特定の状態がいつまでも継続するのは、その点からしても望ましいことではない。

我々は特定の状態を維持し続けると疲労しやすい。その場合、しばらく逆の状態に移行していると疲労から回復しやすくなる。そのようなリズムを繰り返すことで、長期にわたる持続も可能になる。心臓も肺も不眠不休の臓器だが、それが可能になるのはリズムを刻んでいるからだと考えられている。

7 運動感覚

運動感覚とは、自分の身体の部分の位置を知る感覚である。とはいえ位置そのものを知るのは意外に難しい。連続的な刺激に対する感覚の反応は鈍くなってくるため、ずっと同じ位置にある部分よりも、位置が変化する部分を知ることの方がはるかに容易である。そのような意味では運動している部分、動いている部分を知る感覚、あるいは部分の動きを知る感覚だといってもよい。

我々は目をつぶったままで手を動かしても、手がどの位置にあるのかがわかる。まっ暗闇の中で、手に持っているコップから水を飲むこともできる。これらの行為は視覚などの助けを借りずにできるわけで、自分の身体の運動や位置を知る感覚が、視覚等とは別に存在することの証明になる。ただし、このような行為も幼い子どもには難しい。我々は何度も繰り返し体験することで、この感覚を発達させている。

運動感覚が十分に育つと身のこなしがスムーズになる。それによって身体を用いた表現力が豊かになり、順応性も高まる。

8 平衡感覚

平衡感覚とは垂直・水平といった方向を知る感覚である。重力の方向を知る感覚だといってもよい。動物も重力を知覚しているが、重力と身体との関係は、人間とはまったく異なる。重力に逆らって背骨を垂直に立てているのは人間だけであり、その意味では非常に人間らしい感覚ともいえる。

垂直・水平等は、日常では視覚に頼る部分が大きい。しかしそのような情報がなくても垂直・水平等を感じることは可能である。我々は暗闇の中でもまっすぐ立っていることができる。また目をつぶって立ち、身体を前後左右に傾けた時でも、その傾きを感じることができる。非常に優れた平衡感覚をもっている、あるいは育てていると綱渡りすら可能になる。

社会生活の中で、一方に片寄ることなく正しく状況を把握したり、協調したりすることを「バランスをとる」というが、このような能力も平衡感覚を基盤にしていると考えられている。

9 感覚器官

この後で取り上げる第二グループには明確な感覚器官がある。嗅覚が鼻、味覚が舌、視覚が目、熱感覚（温覚）が皮膚（ただし触覚とは受容器が別）であることは誰でも知っている。しかし第一グループの四つの感覚の場合、触覚が皮膚であることは明らかだが、それ以外の感覚器官がはっきりしない。

そもそも感覚器官とは、それだけで何かを知覚しているわけではなく、関連するさまざまな器官・組織等が連携して初めて知覚が可能になっている。したがって、極論すれば全身が感覚器官であって、比較的重要なものを特に感覚器官と呼んでいるに過ぎない。特に第一グループは全身的な感覚が多いため、感覚器官も漠然としている。

この説明がもっともよく当てはまるのが生命感覚であり、広くいえば全身すべてが感覚器官だといえなくもない。ただし特に重要なのは自律神経のうちの副交感神経である。運動感覚の感覚器官も漠然としているが、末梢神経系の全体だと考えられている。平衡感覚は、耳の中にある三半規管が中心的な感覚器官である。

10 第一グループの特徴

第一グループに属する四つの感覚を紹介した。「一般的なイメージとは異なる」という意味での最大のポイントは、これらがいずれも自分を知る感覚、自分の内側の世界を知る感覚だという点である。感覚とは一般に外側の世界を知るものだと思われているが、かならずしもそうではない。

また、これら四つの感覚が根源的なものであることは明らかだろう。我々の生活あるいは生命を根底で支えているが、ほとんど意識されない、あってあたりまえの感覚である。これらが正常に機能しない場合、その後の人生に深刻な影響を与える可能性が高い。したがって、誕生直後の早い時期から適切に発達させなければならない。

必要なのは、たくさん抱きしめてあげること、自然に近い穏やかな環境を用意してあげること、思い切り身体を使って遊ばせてあげること等々である。現在は不自然な環境で子どもを育てざるをえないことが少なくない。感覚の健全な発達のためには、不自然な部分を可能な範囲で排除することが望ましい。

11 嗅覚・味覚・視覚・熱感覚

第二グループの四つの感覚は、一般によく知られているものばかりである。

嗅覚は匂い、味覚は味を感じる。嗅覚の対象は気体、味覚は液体である。味覚がわずか四種類（甘い・辛い・酸っぱい・苦い）であるのに対し、嗅覚は格段に種類が多く、微妙な違いが嗅ぎ分けられることがわかっている。

料理のおいしさは主に嗅覚で感じている。風邪をひくと味がわからなくなるが、これは味覚が働かないのではなく、単に鼻がつまって嗅覚が働かないことによる場合が多い。

嗅覚と味覚は、食べ物や飲み物が自分にとって適切かどうかを確認する役割も担っている。たとえば腐っているかどうかは、主に嗅覚を使って判断している。

視覚は明るさや色などを感じる。これについては説明不要だろう。

熱感覚は温かさや冷たさを感じるもので、温覚とも呼ばれる。素朴な発想では触覚に含められるが、受容器が別であることなどから触覚とは区別されている。

12 第二グループの特徴（1）

ここでは、上記の四感覚をまとめて第二グループと呼んでいる。

先に紹介した第一グループは、感覚についての一般的なイメージとは異なり、自分の内側の世界を知るものであった。これに対し第二グループの四つの感覚は間違いなく外側の世界を知る感覚である。その点では一般的なイメージにあてはまる。ただし、これはこれで意外な特徴をもっている。

外側の世界を知る感覚であれば、かなりの程度の客観性が備わっていると思う人が多いだろう。そうでなければ、同じ物を知覚してもそれが同じ物であることに気づかない可能性すらある。

しかし第二グループに属する感覚は、外側の世界を「その時点の自分との関係で」あるいは「その時点の自分の都合で」知る感覚である。言い換えれば客観性に乏しく、同じものであっても、時と場合によってはまったく違ったものとして受け取ってしまうような感覚なのである。

13　第二グループの特徴（2）

このことについては、具体例をあげれば容易に納得できると思われる。味覚の場合、同じりんごでもレモンをかじった後では甘く感じ、ケーキを食べた後では酸っぱく感じる。嗅覚の場合、同じ匂いでも特に同系統の強い匂いをかいだ直後ではほとんど感じなくなる。

熱感覚の場合、同じ温度のぬるま湯でも寒くて手が冷えている時には熱く、暑くて手が温まっている時には冷たく感じる。視覚も同様であり、ふだんの昼間ならほとんど感じないようなわずかな明るさでも、映画館のような暗い場所にしばらくいると、まぶしく感じる。

このように第二グループに属する感覚の場合、同じ刺激に対する感じ方が、その時々の自分の状態によって大きく異なる。このようなことから、この四つの感覚は外側の世界を知る感覚ではあるが、「その時点の自分との関係で」あるいは「その時点の自分の都合で」知る感覚だということができる。

14　聴覚

聴覚がまだ残っている。聴覚は外側の世界を知る感覚だから第二グループに含まれるようにも思われるだろう。しかし聴覚は第二グループの四つの感覚と比べて、主観の影響が非常に小さいことがわかっている。暗い場所でわずかな光をまぶしく感じるのは視覚の働きだが、静かな中で突然の音に驚かされるのは心理的な作用であって、聴覚の働きそのものではない。

聴覚ならではの特徴はいろいろある。たとえば聴覚は遮断することが特別困難な感覚である。全身麻酔をかけても、また昏睡状態や植物状態でも聴覚だけは機能していると見られることが多い。また第二グループの四つの感覚では、たとえば嗅覚なら鼻をクンクンさせるといったように、微細な刺激を捉える際に自分自身の活動を活性化させて能動的になる。しかし第三のグループである聴覚は、微細な刺激をとらえようとする際に耳をすます。これは受動的な状態であり、いわば自分を無にすることで外からの刺激を受取ろうとする。つまり第二グループとは反対に活動を抑える。

15　ここまでのまとめ（1）

まだ三つの感覚が残っているが、それらも含める形で三つのグループの認識の対象についてまとめておこう。

第一グループ　内（自己）　人（自分）　客観的
第二グループ　外（外界）　物　主観的
第三グループ　外（外界）　人（他者）　客観的

これまでの説明から第Ⅰグループが身体的なもの、第二グループが心的なものと深く関わることは明らかだろう。そして第三グループが関わるのは非物質的なもの、主に精神的な存在である。そこから第Ⅰグループを身体的感覚、第二グループを心的感覚、第三グループを精神的感覚と呼ぶことができる。

第二グループをはさむ形で、第一グループと第三グループの間に共通性が見られる点も興味深い。

16　ここまでのまとめ（2）

第一グループは意志感覚、第二グループは感情感覚、第三グループは認識感覚と呼ばれる。このうち第一グループは身体的な動きと密接に関わり、身体動作と共に発達する。通常は意識されないという点でも意志的である。これに対し、第三グループは高次の認識活動と密接に関連している。（詳しくは後述。）

また認識と頭、感情と胸、意志と腹・四肢といった対応から、第一グループを下位感覚、第二グループを中位感覚、第三グループを上位感覚と呼ぶこともできる。

このうち第二グループについては特に興味深い特徴が知られている。主に物を対象にしながらも、この感覚の表現がしばしば内面の表現に転用される。たとえば「あいつが臭い」（「疑わしい」の意味、嗅覚）、「彼は甘い」（味覚）、「彼女は明るい」（視覚）、「あの人は冷たい」（熱感覚）といった表現である。そしてこれらも自分の印象等であって客観的なものではない。このことは日本語のみでなく、種々の言語でも同様の傾向があることが指摘されている。

17 「反対の対応」

十二感覚における「反対の対応」を指摘しておこう。ここでいう「反対の対応」とは、たとえば1〜7の数字であれば「1と7」「2と6」「3と5」が対応するといったもので、シュタイナーの思想にはしばしば登場する。

三つのグループについては、第一グループと第三グループに共通性が見られる点はすでに指摘したが、個々の感覚についても「反対の対応」が指摘できる。感覚はぜんぶで12あるので、次のように1と12、2と11…がそれぞれ対応する。

1触　覚　12自我感覚　　4平衡感覚　9聴　覚
2生命感覚　11思考感覚　　5嗅　覚　8熱感覚
3運動感覚　10言語感覚　　6味　覚　7視　覚

もっとも納得がいくのは4平衡感覚と9聴覚の対応だろう。9聴覚の感覚器官は耳だが、4平衡感覚も耳（三半規管）であり、その点でも見事に対応している。第一グループと第三グループの他の対応については次の説明の中で取り上げる。

18 言語感覚（1）

言語感覚は言語を言語として、言語以外のものと区別して知覚する感覚である。まずは、そのような感覚が「存在する」という話から始めよう。

このような説明を聞いても、「言語を言語として知覚するのは聴覚だ」と思う人が大半だろう。しかし我々は、自分がまったく知らない言語を聞いた時でも、それが言語だということはわかるわけで、他の物理的な音とは確実に区別されている。

もう一つの重要な事実は、思考力が目覚める前の幼い子どもでも言語があやつれるということである。我々は思考に基づいて会話していると思っている。考えなければ話せないと思っている。しかし思考力がほぼ未発達といってよいような幼い子どもでも、単語レベルではあれ会話ができるし、言語があやつれる。これは言語使用の根底にあるものが思考ではないことを示している。それが可能なのは、子どもが感覚によって言語を把握しているからなのである。とはいえ、思考が言語の使用とまったく無関係という意味ではない。

19 言語感覚（2）

言語感覚が聴覚とは別の感覚だとすれば、感覚の対象が異なっているはずである。言語感覚の対象は音声そのものではなく、その内面、つまり感情などだと考えられている。これに対し、聴覚の対象である物理的な音には、感情が含まれていない。

たとえば「元気だよ」という声を聞いた時でも、「あれっ、元気がないな」と感じることがある。これは直接的に感覚として わかる。我々は音声に含まれる、あるいは音声と共に発せられる感情などを知覚しているらしい。

ところで人間の感情は、音声以外のものからも知覚することも可能である。たとえば人の表情やジェスチャーを見ただけでも（視覚）、感情を読みとることができる。音楽を聴いて（聴覚）演奏者の感情を読み取ることも可能だろう。また工芸作品などに触れることで（触覚）、そこに込められた作者の感情を知ることも不可能ではない。以上から、言語感覚は視覚・聴覚・触覚と共に働くことで、感情などを知覚する感覚ではないかと考えられている。

20 言語感覚（3）

おおまかな話だが、子どもは一年目に立ち、二年目に話し、三年目に思考すると言われる。一年目の課題はまずは立ち上がることであり、それから歩く（直立歩行する）ことである。

直立歩行が困難な子どもの場合、言語の発達が遅れることが広く知られている。「まず立ち、それから話すのだから、立つのが遅れれば話すのも遅れて当然」という理解は、もちろん間違いではない。ただし、それとは別の観点からこの問題を捉えることができる。

立つことにもっとも深く関わるのは、間違いなく運動感覚である。そして十二感覚の中で、これに対応するのが言語感覚なのである（3運動感覚 ― 10言語感覚）。耳を澄ますといえば聴覚が思い浮かぶ。しかしもっとも「耳を澄ます」、すなわちすべての運動を停止するのは人間の内面を知ろうとする時である。このような点からも、運動感覚のいわば対極に言語感覚があると理解することができる。

21　思考感覚（1）

次は思考感覚（概念感覚・意味感覚）である。これは会話などにおいて相手の思考を知覚する感覚である。これも言語感覚の場合と同様、「それは聴覚だ」と思う人が大半だろう。

前述の幼い子どもの話を思い出してほしい。思考力が未発達の段階でも、単語レベルではあれ会話ができる。最初は単に音声を繰り返すだけで、意味（概念）までは把握できていない。しかししばらくすると、明らかに意味を把握して音声を発するようになる。思考力が発達する前に、なぜ意味が把握できるのか。それは意味の把握が思考ではなく、感覚によって行われているからである。

そもそも我々は会話の際、相手の話を聞きながら一語一語の意味について思考したりはしない。そんなことをしていては相手の話を聞くことができない。この事実は、意味が感覚によって瞬時に捉えられていることを示している。ただし、ここでの対象はあくまでも「相手の思考」であって、自分の思考ではない。

22　思考感覚（2）

十二感覚では、生命感覚と思考感覚が対応する（2生命感覚―11思考感覚）。この対応がわかりにくいのは、日頃、無意味な発言があまりにも多くなっているからであり、また我々が唯物論的な発想をしていて、発声・発話を物理的な次元でしか捉えていないからである。発声・発話とは本来、生命力に満ちた内的な働きに由来しており、生命感覚と深く結びついている。そして子どもの成長は、「立つ（3運動感覚）↓　10言語感覚　↓　話す（2生命感覚）↓　11思考感覚」と続いていく。

言語感覚の場合と同様、思考感覚も視覚・聴覚・触覚と共に働くと考えられる。というのも、意味（概念）が把握できる対象は音声だけではないからである。文字を見て意味を知ることなら誰もがやっているし、手話を見る場合でも同様のことが可能である。またジェスチャーを見て（以上は視覚）、伝えたい意味を知ることもできる。また工芸作品などに触れることで（触覚）、そこに込められた作者の意図を知ることも不可能ではない。

23 感覚器官（1）

言語感覚と思考感覚について説明をしたが、そのような感覚があると考えなければならない理由については理解してもらえたと思われる。このような感覚がなければ、子どもが言葉を本格的に使えるようになるのは思考の発達後になるはずである。思考の本格的な活動が14歳ごろからであることを考えるなら（次章98頁以降参照）、それ以前から言語感覚や思考感覚が存在していることを認めなければならなくなる。

それでも十分に納得がいかない最大の理由は、対応する感覚器官が示されていないからだろう。嗅覚には鼻が、視覚には目が、聴覚には耳がある。だとすれば言語感覚や思考感覚にも何かがあるはずである。

とはいえすでに述べた通り、言語感覚や思考感覚は聴覚・視覚・触覚と共に働く。だとすればその感覚器官は外からはっきり見えるように外界に張り出している必要はない。

24 感覚器官（2）

カール・ケーニヒ（1902〜1966）によれば、言語感覚の器官は皮質脊髄路（錐体路、ピラミッド・システム）、運動感覚の器官は迷走神経である。皮質脊髄路とは一連の神経群であり、大脳皮質の運動野から脊髄を経由して手足や胴体の随意筋にまで達する軸索（神経線維）の伝導路である。ただしケーニヒはこれを感覚として説明するため方向が逆になるが、いずれにせよ広範囲にわたる複雑な神経組織である。

かつては運動感覚と関連する随意運動を可能にするものだと考えられてきたが、むしろ随意運動を停止させることで、言語感覚を機能させるものらしい。ここにも（3運動感覚――10言語感覚）の対応を見ることができる。

迷走神経は、ほぼすべての内臓の運動神経と副交感神経を支配している。自律神経系、特に副交感神経が生命感覚の器官だと考えられており、その副交感神経の大半が迷走神経であることで、同時に思考感覚の器官にもなっている。ここにも生命感覚との対応（2生命感覚――11思考感覚）を確認できる。

25 自我感覚（1）

自我感覚の対象は他者の自我である。いきなり自我と言われると戸惑ってしまうが、わかりやすくいえば、その人の個性を知覚する感覚である。思考感覚の対象が他者の思考であって自分の思考ではないように、自我感覚の対象も他者の自我であって自分の自我ではない。

人間の個性はそれぞれの人によって異なるし、異ならなければ個性ではない。その一方で、同一人物であれば行動・考え方・筆跡などさまざまなものに、その人の同じ個性が現れる。そのような個性を知覚するのが、この自我感覚である。

何十年ぶりに旧友と会った時、容姿がすっかり変わっていても、その中に旧友の個性を感じることができる。何十年ぶりに旧友と電話で話をした時、声の高さや太さがすっかり変わっていても、その中に旧友の個性を感じることができる。最初の一瞬でそれに気づくことがあることから、これらは思考によって推論されるものではなく、知覚されたものだと考えられる。

26 自我感覚（2）

シュタイナーは、たとえば会話などをする際、相手の自我が自分に入り込み、また自分の自我が相手に入り込み…という状態が繰り返されるのだと説明している。これは比喩的な表現ではなく、実際に行われていることで、これを知覚するのが自我感覚である。

十二感覚の中では、触覚と自我感覚が対応する（1触覚―12自我感覚）。触覚とは、直接には外側ではなく自分の境界を知る感覚だった。自分の限界を知る感覚といってもよい。これに対して自我感覚は、自分の境界・限界を超える、ある意味で「無効にする」感覚である。このような点でこの二つの感覚は対応している。

シュタイナーは、自我感覚の器官は身体全体に広がっており、繊細で誰も気づかないと述べている。その通りだとするなら、その器官を見出すのは困難だろう。とはいえ前出のカール・ケーニヒは、そのような器官そのものではないにせよ、それらを司るのは松果体（松果腺）や脳下垂体だと述べている。

読書案内

◎医学・生理学

日本アントロポゾフィー医学の医師会監修、『シュタイナーのアントロポゾフィー医学入門』ビイング・ネット・プレス、２０１７

日本人の医療関係者の手によるアントロポゾフィー医学の入門書。多くの専門家が、それぞれの専門の視点から、あまり専門用語を使わずに説明をしてくれている。質が高い割にはわかりやすい叙述がなされている。この分野で最初に読むべきはこの本だろう。

シュタイナー、西川隆範編訳『シュタイナー〝からだの不思議〟を語る』イザラ書房、２０１０

シュタイナー、西川隆範訳『人智学から見た家庭の医学』風濤社、２００９

シュタイナー、熊坂春樹訳『健康と病気について』ホメオパシー出版、２００７

シュタイナー、西川隆範訳『人体と宇宙のリズム』風濤社、２００３

シュタイナー、西川隆範訳『病気と治療』イザラ書房、１９９２

いずれも医学・生理学・病気・健康などに関するシュタイナーの講義を収めたもの。時期も場所もばらばらな講義から関連するテーマのものを集めたもので、内容は講義ごとに独立していて体系的なものではない。（ただし『健康と病気について』は連続講義といってもよいもの。）身近な内容が多く、気軽に読めるものが多い。

シュタイナー、森章吾訳『秘されたる人体生理』イザラ書房、２０１３
シュタイナー、高橋巖訳『オカルト生理学』ちくま学芸文庫、２００４
アントロポゾフィー医学が成立するはるか前に、シュタイナーが人体生理について論じた連続講義である。右記は同じ原著の翻訳である。森章吾訳には章ごとに「まとめ」があるなど、さまざまな工夫が見られる。
シュタイナー、石川公子／小林國力訳『私たちの中の目に見えない人間 ― 治療の根底にある病理』涼風書林、２０１１
短いながらも非常に重要とみなされ、関係者の間で広く読まれている講義。
帯津良一 責任編集、上野圭一企画顧問『季刊・地球人15号 特集・アントロポゾフィー医学』ビイング・ネット・プレス、２０１０
分量としては少ないが、初心者・部外者向けのわかりやすい記述がなされている。
マイケル・エバンス他『シュタイナー医学入門』群青社、２００５
アントロポゾフィー医学全般を扱った入門書。全般的にはわかりやすいが、専門的な内容も含む。
シュタイナー、イタ・ヴェークマン、浅田豊／中谷三恵子訳『アントロポゾフィー医学の本質』水声社、２０１３
シュタイナーと医師であるヴェークマンによるアントロポゾフィー医学の出発点となった記念すべき著作であり、シュタイナーの最後の著書でもある。非常に重要な本だが、いきなり読むのは難しいと思われる。

シュタイナー、藤本佳志訳『カルマの現われ』本の研究社、２０１７
シュタイナー、高橋巖訳『カルマの開示』春秋社、１９９６
シュタイナー、西川隆範訳『カルマの開示』イザラ書房、１９９３

病気や怪我・事故などのさまざまなテーマがカルマとの関連で論じられている。右記は同じ原著の翻訳である。

◎社会論

高橋巖『「社会問題の核心」を読む』春秋社、２０２４
高橋巖『「社会の未来」を読む』春秋社、２０２４

社会論を論じたもっとも基本的な著作である『社会問題の核心』と、もっとも基本的な講義である『社会の未来』の解説書。いずれも重要な箇所を引用しながら解説するスタイルになっている。

W.クグラー『シュタイナー危機の時代を生きる』晩成書房、１９８７

この本の「第3部：社会問題のために」では、シュタイナーが活動した当時の状況が詳細に描写され、それを踏まえたシュタイナーの考えが紹介されている。

シュタイナー、高橋巖訳『社会の未来』春秋社、２００９

社会論についてのもっとも基本的な講義である。講義である分、次の『社会問題の核心』よりは全般的にわかりやすい。とはいえ当時の社会状況を知らないと理解が困難な内容が多く含まれる。全六講からなり、三つの領域にはそれぞれ一講があてられている。

シュタイナー、高橋巖訳『シュタイナー　社会問題の核心』春秋社、２０１０

シュタイナー、廣嶋準訓訳『社会問題の核心』人智学出版社、１９８１
社会論を論じたもっとも基本的な著作である。この中の第二章がこの理論のエッセンスと見られており、ここを読むだけでも社会論の概要をつかむことができる。とはいえ全般的に見ると、『社会の未来』以上に、当時の社会状況を知らないと理解が困難な内容が多く含まれる。

シュタイナー、西川隆範訳『社会改革案』水声社、２０１１
社会論に関連する重要な講義の他に、この提案のはるか以前に語った初期の講義などを含む。『社会問題の核心』『社会の未来』では語られていない内容を多く含んでいる。

シュタイナー、河西善治編『精神科学と社会問題』みくに出版、２０１０
収録内容については直前のものと類似し、社会論に関連する重要な講義の他に、この提案のはるか以前に語った初期の講義などを含む。後半に収録されている諸論文は、高橋巖訳『社会問題の核心』にも収録されている（原著は同じだが翻訳は異なる）。

シュタイナー、浅田豊訳・解説『二つのメモランダム（覚書き）―第一次世界大戦と社会三層化運動』涼風書林、２０１９
社会有機体三分節化の提案は、もともとはシュタイナーによる第一次世界大戦の終結案に含まれていた。その終結案のためのメモランダム（覚書き）が翻訳され、訳者による詳しい解説が付されている。この本を読むことで初めて、シュタイナーが当時の状況をどのように捉えていたのか、なぜこの提案を行ったのか、何を意図していたのか等を理解することができる。その意味では必読書と呼んでも差し支えない。

シュタイナー、西川隆範訳『シュタイナー経済学講義』ちくま学芸文庫、2010
経済学を学ぶ学生などを対象に、経済を中心に詳細に論じたもの。ただし人間生活や社会全般に関わる事柄も取り上げられている。

シュタイナー、西川隆範編訳『シュタイナー世直し問答』風涛社、2009
シュタイナーが社会有機体三分節化と経済学の講義をした際、それに引き続いて行われた質疑応答を翻訳したもの。

シュタイナー、今井重孝訳『社会問題としての教育問題』イザラ書房、2017
社会論や人類の歴史などとからめながら教育問題を論じたユニークな講義。

◎感覚

ヴォルフガング M・アウアー『子どもたちの感覚を育てる』アウディオペーデ出版、2000
十二感覚についての、実践的でやさしい入門書。おそらく十二感覚関連では、初心者がいきなり読んでも理解可能な唯一の本だと思われる。

アルバート・ズスマン『魂の扉・十二感覚』耕文舎＋イザラ書房、1998
十二感覚の各々について、比較的詳しい説明がなされている。

カール・ケーニッヒ『子どもが3つになるまでに』パロル舎、1998
感覚が、幼い子どもの成長と関連づける形で論じられている。特に言語感覚・思考感覚・自我感覚については、他には見られない優れた考察が含まれる。本書での言語感覚～自我感覚についての説明の多くは、この本によっている。

カール・ケーニヒ『十二感覚の環と七つの生命プロセス
—シュタイナーの感覚論にもとづく治療教育の現場から』イザラ書房、2018
個々の感覚の解説にとどまらず、感覚相互の関連についても解説されている。

ヘニング・ケーラー『不安げな子・寂しげな子・落着きのない子のために
—シュタイナーの感覚論にもとづく発達心理学の観点から』イザラ書房、2023
感覚の中でもっとも基本的な触覚、生命感覚、運動感覚、平衡感覚について、詳細な考察がなされている。

シュタイナー、高橋巖訳『人智学・心智学・霊智学』筑摩書房、2007
この講義の中で、シュタイナー自身によって生命感覚～思考感覚の十感覚が説明されている。触覚と自我感覚が含まれていないため、取り上げられているのは十感覚である。

第3章　四構成体

第1節　人間

1　四構成体（1）

四構成体とは人間を構成している四つの要素のことで、物質体（肉体）、エーテル体、アストラル体、自我のことをいう。

「人間は何からできているか」という問いに対しては、「頭と胴……」「皮膚と筋肉……」「神経系と消化器系……」「炭素と酸素……」等々、さまざまな答え方ができるが、シュタイナーがもっともよく使う答えがこの四構成体だと言ってよい。さまざまな人間の性質はもちろん、成長から死後のプロセス、さらには進化など、さまざまなことが説明できる、非常に汎用性の高い理論である。四構成体という視点が身につくと、人間についての理解が飛躍的に深まることは間違いない。のみならず動物、植物、鉱物の性質などについても説明が可能になる。

2　四構成体（2）

	物質体	エーテル体	アストラル体	自我
鉱物	○	×	×	×
植物	○	○	×	×
動物	○	○	○	×
人間	○	○	○	○

鉱物・植物・動物・人間という、ほとんど誰もが納得できる区分の仕方がある。厳密に考えれば微妙な点もないわけではないが、大筋では納得できる。

四構成体に関して、それぞれがもつものを○、もたないものを×とすると右の表のようになる。表から明らかな通り、鉱物・植物・動物・人間の区分は構成体の違い、つまり各構成体の有無と見事に対応している。四構成体の理論によって相互の区分のみならず、それぞれの性質や成長、進化などについても説明が可能になる。

四つの構成体のうち感覚存在は物質体のみで、それ以外はすべて超感覚存在である。唯物論的科学（物質科学）が常識化している現代において、「そのようなものは存在しない」といった批判は当然予想されるが、感覚存在を観察することで超感覚存在について知ることは十分可能である。

これはさほど難しいことではない。鉱物と植物をしばらく観察してその結果を比較すれば、両者の違いは歴然としている。植物は生きており、成長するが、鉱物は成長しない。植物を生かしているもの、成長させているものは目に見えない超感覚存在だが、間違いなく存在している。そのような、鉱物にはないが植物にはあるものを、ここではエーテル体と呼んでいる。

同様にして、植物と動物の観察結果を比較すればアストラル体の存在が導かれるし、動物と人間の観察結果を比較すれば自我の存在が導かれる。これらはいずれも超感覚的なものだが、その存在や働きは感覚存在の観察によっておおよそ明らかにできる。

シュタイナーの思想（アントロポゾフィー）は多くの分野に応用されている。その代表的な分野には教育・医療・農業などがあり、特に大きな成果を生み出している。それらを支える重要な理論の一つがこの四構成体である。つまり四構成体は「人間は何からできているか」といった問いへの答えにとどまるものではなく、非常に広範囲に応用可能な理論でもある。多くの分野で実際に効果をあげていることが、この理論の有効性を証明しているといえる。

4 物質体

さて誰もがわかっているつもりになるのが、この中の物質体である。物質体は人間でいえば身体ということになりそうだが、厳密に言えばそうではない。人間の身体には他の三つの構成体のすべてが、中でもエーテル体が深く関わっている。したがって我々の身体（生きている身体）は、少なくとも物質体とエーテル体からなるものだと考える必要がある。これに対して単独の物質体とは、エーテル体を欠いた単なる物質であって、死体に相当する。

5 エーテル体（1）

物質体は鉱物～人間のすべてにあるが、エーテル体は生物だけ（植物～人間）にあって無生物（鉱物）にはない。したがって生物と無生物の区別も、生物が生きているか死んでいるかの区別も、エーテル体の有無による。

食用の肉、動物の死体など（すなわち「肉」）はそのままにしておくといずれ腐るが、我々の身体はそれとほぼ同質（すなわち「肉」）でありながらも腐らない。それどころか炎天下でもまったく腐る気配がない。物質的素材はほぼ同一なのに、一方は腐り、一方は腐らない。これがエーテル体の有無による違いである。

腐る、崩壊するというのは物質の法則に従っていることを、また腐らないというのは物質の法則に逆らっていることを意味する。つまりエーテル体が存在すると物質レベルの法則が弱められるわけで、エーテル体が物質レベルの法則に抵抗する力をもっていることが示されている。植物が引力に逆らって上に伸びるのも、エーテル体の力が深く関わっているからである。

6 エーテル体（2）

短期的に見る限り、生物の身体は外見上ほとんど変化がないにもかかわらず、内部では解体と建設が同時に行われている。たった一日のうちにも膨大な数の細胞が死に、それとほぼ同じ数の細胞が生まれている。

一般の建物でいえば、一方で解体を行い、それと同時に建設を行っていることになる。それでいて外見を変化させないなどというのは不可能なことだろう。そのような奇跡的な作業を日々行っているのがエーテル体である。

物質体のあり方はエーテル体に大きく依存している。そのためエーテル体は物質体の型、設計図、あるいは建築家などと呼ばれることがある。

植物も動物も種《しゅ》ごとに独自の、特徴的な形態をもっている。そのため一目見ただけでも生物の種を的確に識別できる。種ごとに特徴的な形態をもつのは、エーテル体が種ごとに大きく異なっているからである。種ごとに異なるエーテル体が、種ごとに異なる物質体を形成している。

7 アストラル体（1）

アストラル体をもつのは動物と人間のみである。生物学的な意味で人間を動物に含めるなら、動物のみということになる。ただし動物と人間がもつアストラル体には、かなりの違いがある。

人間には非常に複雑な感情がある。しかし動物の場合、そのような表情に見えることはあるものの、高等動物であっても明確に認められる感情は怒りくらいのもので、喜び・悲しみといった感情すら不明確である。ましてや下等動物になれば、怒りの表現や態度すらはっきりとは確認できない。このように同じく「アストラル体」といっても、その機能には大きな違いがある。

さて、植物に意識はないが動物には意識がある。この差をもたらしているもの、意識を担っているのもアストラル体である。眠っている状態では意識が失われ、植物に近い状態になっている。これは眠っている時のアストラル体が物質体から抜け出ているからである。というよりも、アストラル体が抜け出ることが眠りの原因になっている。

8 アストラル体（2）

一年で枯れてしまう草花にはあてはまらないが、樹木であれば樹齢数百年といったものも珍しくない。そのような樹木は、あくまでも理論上の話だが永久に成長を続けることが可能である。高さが１００ｍといった樹木も実際に存在する。

動物や人間の場合、そのようなことはあり得ない。アストラル体をもたない植物に可能で、アストラル体をもつ動物や人間に不可能なのは、アストラル体が成長を抑制しているからである。仮に動物や人間が無限に成長したとすれば、自分の身体を支えきれなくなるし、食べ物にも不足するだろう。植物のようにただただ成長するわけにはいかない。適度な成長こそが重要である。

適度な成長のためには、それを促進する力と抑制する力のバランスが必要になる。このうち促進はエーテル体によって、抑制はアストラル体によって、主に担われている。細胞を生み出すだけでなく、不要な細胞を廃棄することも必要であり、このような働きを担っているのがアストラル体である。

9　人間と動物（1）

動物と人間の間は、もちろん完全に区切られるわけではない。重要なポイントは、両者の違いが、鉱物・植物・動物の区切りと同程度に大きいかどうかである。

動物と人間の区別については、「人間は動物の一種でしかない」「人間を別格として扱うのは傲慢である」といった定番の批判がある。しかし実際に人間を動物並みに扱えば、誰もがそれを非難するだろう。「人間は動物の一種」という発言は理屈の世界では成り立つものの、大半の人が実感している現実からあまりにかけ離れている。

鉱物を打ち砕くよりも植物を切り刻む方が罪深いと感じる。植物を切り刻むよりも動物を殺す方が罪深いと感じる。そして動物を殺すよりも人間を殺す方が罪深いと感じる。そして最後の違いがもっとも大きいと感じられる。これが自然な受け止め方、自然な発想であろう。このことに気づけば、少なくとも鉱物・植物・動物を区別する程度には、動物と人間を区別できると言えるのではないだろうか。

10　人間と動物（2）

動物は本能に従って生きている。動物の本能とは、たとえば次のようなものである。行動時間がコントロールされ、暗くなったら眠り、明るくなったら起きる。食欲がコントロールされ、必要以上に食べることがない。性欲がコントロールされ、繁殖期が決まっている。しかし人間はいずれについても、かならずしも本能には従わずに生活することができる。また弱肉強食で、弱者の生存が困難なのが動物の社会である。それに対し弱者でも生きていけるのが、より人間らしい社会なのではないだろうか。

人間の場合、本能に従う生き方は動物的とされて軽蔑され、本能に従わない生き方こそが人間的とされて尊ばれる。また本能に従って生きる動物は道徳とは無関係で、責任を問われない。たとえばシマウマを食べるライオンが非難されることはない。人間だけが道徳や責任と関わるのは、本能に従うのではなく、自分で考えて行動するからである。人間と動物は以上のような点で大きく異なっている。

11 自我（1）

動物と人間の違いとなっている自我について考えてみよう。単なる自分という意識であれば動物にも存在するだろうが、自我とはそのようなものではない。

動物は「今、ここ」に生きている。これに対し自我を持つ人間は、「今、自分は怒っている」などと、「今、ここ」にいる自分を外から眺めて客観視することができる。

将来を心配する動物はいないと言われる。それは動物が「今、ここ」に生きているからに他ならない。しかし人間は未来をよくするために、今のうちに苦労しておくといった選択ができる。このように過去から未来への見通しをもつのも自我である。

個性は自我に基づく。自我を持たない動物には個性がない。特定のカブトムシについて記述したことは一般化できる。そのため、カブトムシの伝記を書くことは困難であり、日時などの記述を除けば、他のカブトムシにもそのままあてはまってしまう。人間の伝記を書くことができるのは、人間が自我を持っているからなのである。

12 自我（2）

人間の赤ちゃんや子どもを見ると「この子の将来はどうなる？何になる？」という疑問や期待が浮かぶ。将来が「大人の人間」では、誰もが説明になっていないと感じる。それは「人間一般」ではなく、「この子ども」の将来が問われているからである。しかし子ども（幼虫）のカブトムシの将来は大人（成虫）のカブトムシに決まっている。「このカブトムシ」の将来を問うことはない。その違いの背景にあるのは、人間の場合、一人ひとりがまったく異なる存在だとする認識である。

動物の場合、種ごとに食べ物が決まっている。しかし人間の食べ物は種ではなく、むしろ環境や文化によって決まっている。それに加えて個人差が非常に大きい。相対的に見る限り、人間は種による制約が非常に弱い。このように一人ひとりを異なる存在にしているものが自我である。

かならずしも本能には従わないという点で、人間は動物からはっきり区別される。本能を超える力をもつのが自我であり、道徳や責任と関わるのも自我である。

発達段階

1　七年期（1）

ここでは四構成体と密接に関連する七年期という発達段階説を取り上げる。七年期とはその名前の通り、七年をひと区切りとする発達段階説である。この説は人間理解のために非常に有益かつ有意味な視点を提供してくれる。

理論的にいえば七年期はどこまでも続く。現在は生涯教育という考え方があるし、それを否定するつもりは毛頭ない。またシュタイナー自身、七年期を使って63歳までを説明している。とはいえ、わかりやすさと常識的な共通理解を優先して、ここでは21歳までを考えよう。

その場合、区切りは7歳と14歳と21歳になる。そして7歳までを第1七年期、14歳までを第2七年期、21歳までを第3七年期と呼ぶ。以下ではこの言葉が繰り返し登場する。

2　七年期（2）

人間は毎日（厳密にいえば毎瞬間）少しずつだが連続的に変化している。どの時点であれ、その前後にはわずかな変化が見られるから、どこであれ区切ることが可能である。その一方で、どの時点でもその前後に明確な断絶は見られないから、どこであれ区切ることができないともいえる。したがって区切りを前提にする発達段階説は、恣意的だという批判を完全には免れることができない。大切なのは、より有益かつ有意味な区切りを見出せるように努力することである。

性差や個人差などがあるので杓子定規に考える必要はないが、ここではおおよそ七年が重要な区切りになっていると考える。そこでの最大のポイントは0歳で物質体が誕生し、7歳でエーテル体が誕生し、14歳でアストラル体が誕生し、21歳で自我が誕生することである。もちろん0歳でもエーテル体、アストラル体、自我は存在している。たとえばエーテル体がなければ生きていないわけだが、それでもまだ本格的な活動を始めてはいない。

3　古代ギリシアでも

七年期という発達段階説はシュタイナーのオリジナルではない。すでに古代ギリシアにおいても、このような考えが存在していた。たとえば万学の祖といわれるアリストテレスは『動物誌』において、おおよそ次のようなことを語っている。

男性の場合、精液ができ始めるのは14歳頃であり、生殖能力がつくのは21歳ごろである。14歳頃には陰部の毛も生え始める。21歳までは、初めのうち精液に生殖力がない。その後は生殖力が備わるものの、それ以前は小さい不完全な子どもができる。女性の場合、14歳頃に乳房がふくれあがり、月経と称するものが出る。21歳以後は子を産むのによい時期であるが、それ以前は小さい不完全な子どもができる。

ここに語られている内容には疑問もある。とはいえ、明らかに七年期を前提にしていることは確認できる。それどころか、人間の成長を無理やり七年期にあてはめているようにも見えるはずである。

4　第1七年期 ― 物質体

すでに述べた通り、七年期では0歳を物質体の誕生として捉える。物質体はその直後、あるいはその後の七年間に著しく成長する。そのような著しい発達は、この時期の他の構成体には見られない。

物質体の場合、誕生直後の成長は驚異的である。身長は四歳の時点で出生時のほぼ二倍になっている。四年間で二倍という成長の早さは、当然のことながらこの時期に限られる。体重に至っては、わずか二か月半で二倍という、さらなる驚異的な成長を見せる。

このように物質体は著しく成長するものの、生まれたばかりの子どもの死亡率を他の年齢と比べると、医療や公衆衛生が発達した現代でも高い。近代以前の死亡率はさらに高いものであったことが推測される。エーテル体を生命力、病気などに対する抵抗力として見れば、第1七年期はエーテル体がまだ十分には発達していない時期として捉えることができる。

5　第2七年期 ― エーテル体（1）

第2七年期に著しく発達するのはエーテル体である。その開始となる7歳の区切りはわかりにくいのだが、じつは大きな変化が起っている。それは歯の生えかわりである。

我々の身体の「部品」は、生まれた時点で基本的にはすべてそろっている。その後はその「部品」を大きくしたり、機能を伸ばしたりするにとどまる。その中では歯が生えかわることだけが、ほとんど唯一の例外となっている。7歳になる頃には、多くの歯が生え変わる。

人間は七年ほどでほぼすべての細胞が入れ替わるといわれる。取り残された乳歯が最後に生えかわることで、親にもらった身体が、すべて「自前のもの」になる。

歯は骨の一種ではあるが、かなり特殊なものである。一般の骨には再生作用があり、骨折してもやがてはつながる。これはエーテル体の作用である。しかし歯の場合には、このような説明があてはまらない。

6　第2七年期 ― エーテル体（2）

永久歯も骨の一種である。一般に骨は再生するのだが、永久歯だけは再生しない。虫歯が心配なのは永久歯が再生しないという理由が大きい。乳歯の場合、歯が抜けても永久歯を生み出す必要があるため、その場所にはエーテル体がとどまっている。もちろん身体の他の部分でも、再生能力を失わない限りはエーテル体がとどまっている。

乳歯が永久歯に生え変わると、歯に関するエーテル体の役目は終わる。そのため、この場所からはエーテル体が撤退する。物質体を完成させる仕事に従事するという役割は終わり、以後はエーテル体本来の働きをするようになる。

このようなエーテル体の撤退は微細な部分ではあり得るが、これだけ大きな範囲で起こるのは永久歯の場合のみである。この時点で子どもの物質体はほぼ完成し、これ以降、エーテル体は本来の働きに移行していく。そのような変化のもっともわかりやすい目印が、歯の生えかわりということになる。

7　第2七年期 ― エーテル体（3）

次の区切りとなる14歳は、生殖能力の有無という点から見た際に非常に重要な区切りとなる。一般に生物が、生殖能力がない段階と生殖能力がある段階、人間でいえば子どもと大人に区切られることについて、異論はないだろう。

一般に生物としての特徴は成長と生殖だと言われる。成長の方は包括的な概念ということもあって明確な区分は困難だが、生殖能力であればその有無によって、かなり明確な区分ができる。性差や個人差などがあって、実際にはかなり幅広い期間を考える必要があるが、目安としての14歳という年齢はおおよそ妥当ではないだろうか。この場合の大人とは、生物学的な意味での大人である。

第2七年期に入ると、病気などの面での特別な心配はほとんど不要になる。（予防接種が第1七年期に集中しているのも、同様の事情が背景にあると考えられる。）第1七年期では身体のいわばハード面が整備されるわけだが、第2七年期ではいわばソフト面が整備されるということができるかもしれない。

8　第3七年期 ― アストラル体

アストラル体という表現は、やや不正確ながらも「心」に置き換えることができる。そして第3七年期への移行期は、おおよそ思春期と呼ばれる時期に相当する。この思春期の時期に著しく発達するのが心であり、またアストラル体であることについては納得してもらえるのではないだろうか。

この時期は内面世界の重要性が飛躍的に増大する。もちろん内面世界は以前から存在しているが、この時期にはそれが明確なものになっていく。そしてその内面世界を拠点にして、世界中のさまざまな人々や物事に関心を向けるようになる。心は大きく豊かなものになると同時に、非常に繊細にもなっていく。

この時期に本格的な愛が目覚め始める。性的成熟と共に異性に強い関心を持つようになるが、それは愛の一面であって、それだけに注目すべきではない。愛はさまざまなものに向けられている。

これらの働きの根本にあるのがアストラル体である。

1 「誕生」をめぐって（1）

七年期について説明した。一般に「誕生」と言われるのは物質体の誕生のことであり、エーテル体の誕生は7歳頃、アストラル体の誕生は14歳頃が目安となる。

エーテル体やアストラル体の誕生前に、それらは存在していないのかといえば、そんなことはない。そもそも物質体の誕生前であっても、つまり胎児の段階でも物質体は存在している。エーテル体などについても同様に考えることができる。存在はしているが、まだ本来の機能を発揮していないということである。

胎児の段階では、まだ物質体は生まれていない。その段階で胎児の物質体に直接働きかけようとする人はいないし、仮に働きかけるとすればかなりの危険が伴う。エーテル体等についても同様に理解するとよい。7歳ごろにエーテル体が誕生するまでは、エーテル体に直接働きかけようとしてはならない。

2 「誕生」をめぐって（2）

主に記憶力を担っているのはエーテル体、基本的な思考力と結びついているのはアストラル体である。エーテル体が誕生する前に無理やり記憶力を使わせる、アストラル体が誕生する前に無理やり思考力を使わせるとすれば、それは胎児を無理やり歩かせるような非常識な行為に匹敵する。

エーテル体が誕生する前、おおよそ7歳以前に記憶力に負担をかけるとすれば、記憶力（エーテル体）を鍛えているつもりであったとしても、実際には記憶力（エーテル体）の正常な発達を阻害している可能性が高い。アストラル体と思考力の関係についても同様のことが言える。

まだ立てない段階では歩く訓練などできない。ある程度の準備が整うまでは、ひたすら待たなければならない。記憶力に負担をかけるのも、また思考力に負担をかけるのも、そのための準備が整うまでは待たなければならない。その時期を誤れば、あるいは無理をさせれば、正常な発達を妨げる可能性が非常に高い。

3 「誕生」をめぐって（3）

すでに述べたように、誕生前のエーテル体に働きかけたとすればエーテル体の正常な発達を妨げる。しかし悪影響はそれだけにはとどまらない。

誕生前のエーテル体は物質体を完成させるために働いている。7歳という時点が物質体の一応の完成の時期であり、それがエーテル体の誕生の時期と重なっているのは、そのような理由による。物質体が一応の完成段階に達することで、エーテル体がその仕事から解放される。そしてその後は、徐々にエーテル体本来の働きを始めるようになる。

エーテル体の誕生前にエーテル体に働きかけた場合、エーテル体もある程度まではそれに対応することができる。しかしその分、物質体を完成させる働きがおろそかになる。そのため物質体の正常な発達まで妨げられる可能性が高い。

発達段階を無視した、あるいは全体的な視野を欠いた早期教育は、子どもの正常な発達を妨げる無謀なものだと言ってよい。

4 第1七年期——意志・善

少し前に取り上げた思考・感情・意志と七年期との関連を考察しておこう。

第1七年期に特に重要なのが意志である。意志は無意識的なものだが、人生の中でもっとも無意識的な時期が誕生直後であることは指摘するまでもない。その後も第1七年期には意識しない行動が非常に多い。そのような意志を強める有効な方法の一つが「繰り返し」である。毎日決まった時間に決まったことをするという習慣は、意志の発達のために非常に有効である。

第1七年期の子どもは世界を「善」と見ている。子どもがそのように意識しているわけではないし、ましてやそのような表現はしない。しかし基本的には世界を善いものと見ており、すべてを受け入れようとする。だから赤ちゃんは何でも口に入れるし、何でも触る。「危険なものではないか」とは考えない。危険なものが存在する、悪が存在するという発想がまったくない。そのような意味において、赤ちゃんにとってはすべてが善だといえる。

5　第2七年期 ― 感情・美

7歳の子どもにとって、母親は世界一きれいな女性である。学校の先生も「きれい」な先生だったり「かっこいい」先生だったりする。この時期の子どもにとって、世界には醜いもの、価値のないものは存在しない。このような考えも年齢とともに薄れてはいくが、おおよそ第2七年期を通して継続する。

第2七年期になると、子どもたちは自分を取り巻く巨大な世界の存在に気づき始める。そしてこの世界が何やら途方もなく素晴らしいもの、「すごい」ものだと感じる。この時期の子どもたちにとって世界とは魅力に満ちあふれたもので、あこがれの対象である。いわば絶対的に美しいもの、価値のあるものとして捉えられている。もちろん子どもたちがこれらのことを意識しているという意味ではない。

この時期の子どもたちは、すでに世界を純粋な善とはみなしておらず、悪い人がいることも知っている。しかし世界に対する信頼を失うことはなく、この世界は生きるに値するもの、生きる価値のあるものだと信じている。

6　第3七年期 ― 思考・真

思考が子どもにふさわしくないことについては繰り返し述べてきた。ではいつからがふさわしいのか。その答えが第3七年期、おおよそ14歳から、詳しくいえば11歳8か月ごろから徐々にである。（七年を三等分した2年4か月前から、次の七年期の準備が始まる。）

第1七年期には善、第2七年期には美がそれぞれ対応したが、第3七年期に対応するのは真である。おおよそ14歳以降になると、世界を単に美しいとはみなさなくなる。とはいえ世界がそのまま真であるとみなすわけでもない。その年齢の子どもであれば、世の中にはたくさんの嘘いつわりがあることを知っているし、そう感じている。しかし世界のすべてが嘘いつわりだとは思っていない。世界のどこかに真実があると考えるようになる。

「ひたすら真実を求める」という姿は青年期にこそふさわしいもので、少年・少女期ではないということは容易に理解できるだろう。思考の発達は第3七年期を待たなければならない。

7　赤ちゃんの頭（思考）と腹手足（意志）（1）

誕生時に戻ろう。赤ちゃんを、特に頭と腹手足に注目して観察してみよう。一目でわかるのは、身体の他の部分と比べて頭が非常に大きいことである。誕生の段階で完成度がもっとも高いのは頭だといえる。それに比べると腹は細いし、手足も小さく頼りないため、明らかに未完成という印象を受ける。逆にいえば、これから大いに発達するのは腹と手足であり、頭はそれほど発達しないことが予想される。

これはいわばハード面における完成度、身体的側面から見た完成度である。実際にどれだけ機能しているかという、いわばソフト面における完成度、機能面における完成度を見ると、これとはまったく逆であることに気づく。

赤ちゃんは自分の身体をうまくコントロールすることができない。それでも手や足はかなり早い時期から、器用ではないながらもどうにか動かせるようになる。これに対し頭はほとんど働かせることができない。したがって相対的に見れば、手足の方が機能面での完成度が高いといえる。

8　赤ちゃんの頭（思考）と腹手足（意志）（2）

生まれたばかりの赤ちゃんは首の筋肉がほとんどついておらず、頭を支えることはもちろん、頭を持ち上げることも、左右にひねることもできない。また機能の面でも頭、すなわち思考の力をほとんど使うことができない。

しかし生まれたばかりの赤ちゃんでも、もちろん母乳を飲むことはできる。つまり内臓など、生きるために必要な最低限の機能は生まれた段階から（実際には胎児の段階から）使えるようになっている。当然のことともいえるが、生命を維持するための最低限の機能（＝意志）は、誕生（さらには誕生前）の段階から機能するようになっている。

たとえていえば、頭とは高性能の精密機械のようなものである。技術の粋が集められているが、使いこなすためには長い訓練（準備）が必要となる。これに対し、腹や手足は昔からある工具のようなものである。素朴だがその分、使いこなすのは容易である。無理をせず、使える機能から使い始めるのがもっとも理にかなっている。

9　第1七年期の教育原則

一般に「学ぶ」とは思考力を使うものだと考えられている。しかし子どもと思考は相性が悪い。特に第1七年期においては、それが強く言える。では第1七年期において、子どもはどうやって学べばよいのだろう。答えは模倣である。

我々は日本語をどうやって学んだのだろう。答えは模倣である。日本で生まれ育った人であれば、先に文法から習った人はいない。いわゆる勉強を一切しなくても、我々はほぼ完ぺきに日本語を話すことができる。これが模倣の力に他ならない。模倣には驚くべき力が秘められている。

第1七年期は身近な大人（たいていは親）が模範を示し、子どもはそれを模倣する形で学んでいく。つまり子どもを立派にしたければ、親が立派な大人としてふるまう必要がある。自分のことを棚に上げて、子どもだけ立派にしようとしてもムダである。

10　第2七年期の教育原則

第2七年期の教育原則は「権威と恭順」である。特に「権威」は非常に誤解を招きやすい表現であり、説明する側はずいぶん気を使う。

権威といえば威張ることだと受け取られやすく、これだけで「シュタイナー教育とはそんな教育だったのか」とがっかりされることがあるのだが、そのような意味ではない。ここでいう権威とは、特別なことをしなくても「この人はすごい」「この人は正しい」と周囲の人が自然に感じられるような、自明の権威のことをいう。相手を押さえつけたり、自分を実力以上に強く見せたりするような見せかけの権威ではない。

そのような権威を感じると、誰もが自然に「この人について行こう」「指示に従おう」という気持ちになる。

「恭順」とはそのような態度のことである。子どもが無理やり強制されることではなく、子どもが自らとる態度を表現したものである。教師はこのような意味において、子どもから見上げられる権威でなければならない。

第2節 再受肉

四つの研究方法

1 非科学的？（1）

シュタイナーは四構成体を使って人間の成長を説明している。簡単にいえば、まずは物質体が生まれ、七年後にエーテル体が生まれ、さらに七年後にアストラル体が生まれ……という説明である。これは「誕生後」の説明だが、シュタイナーは「死後」についても同様に、四構成体を使って説明している。

これから死後、あるいは再受肉（生まれ変わり）についてのシュタイナーの見解を紹介するわけだが、このようなテーマを取り上げる際には十分すぎるほどの注意が必要になる。まずは、このようなテーマに触れただけで、「非科学的だ」「宗教だ」「オカルトだ」と非難されることがある。また、「死後の生存」などありえないと考える人にとっては、シュタイナーの見解が単なる妄想のたぐいに思えてしまう。

2 非科学的？（2）

日本では、このような分野の研究が現在でも強くタブー視されているため、このような研究分野が存在すること自体がほとんど知られていない。世界で初めて念写の研究をした福来友吉（1869～1952）が、その研究そのものが「好ましくない」とされ、東京帝国大学を追放されたこと（公式には休職）が、いまだに影響しているとも言われる。とはいえ根本的な原因は、日本には学問の自由が十分な形では存在していないことにあると考えられる。

また日本には、このような分野に対する根強い偏見が見られる。たとえば、このような分野には社会的に信用されない人々、いかがわしい人々ばかりが関わっていると思われがちである。しかし海外では一流の研究者たちがこのような研究を行っており、国際的な学会も作られている。のみならず、このようなテーマについては100年以上にわたって科学的な研究が行われ、膨大な量の堅実な研究成果が積み重ねられてきている。

3 科学的研究

今から100年以上前の1882年に、世界で初めての学術団体がロンドンに成立している。「心霊研究協会」が正式名称だが、後に同様の団体が複数成立したため、「イギリス心霊研究協会」とも呼ばれる。この協会を主導したのは、ノーベル賞受賞者を含む高名な科学者たちであり、その分野は物理学、化学、医学、生理学、心理学など多方面にわたっている。その他にも、後のイギリスの首相など、社会的地位の高い人々が数多く含まれていた。

心霊研究協会には、心霊現象に肯定的・否定的双方の研究者が集まったわけだが、いずれにも「不正を許さない」という態度が強烈だった。心霊現象に肯定的な研究者の多くも、不正に加担することが心霊現象の存在証明にマイナスになると考えていたため、必要以上に厳格な態度を取ろうとした。

現在このような分野の研究は、しばしば上記の協会とは関わりなく、世界各地のさまざまな研究者によって行われている。

4 死後研究と生前研究

本書では、まずはこのような科学的研究の成果を紹介し、その後でシュタイナーの見解を紹介するという手順を踏む。

上述の科学的研究は大きく二つに分けられる。一つは、死は人間の終わりではなく、死んでも何かが存続するのではないかという研究である。もう一つは、人間は再び地上に生まれ変わる（再受肉する）のではないかという研究である。このうち前者を死後研究と呼ぶことに異論はないだろう。

一方、後者については死後ではなく、生前研究と呼ぶのが適切だと考えられる。後者の場合、現在生きている人が死んだ後に再び生まれ変わるかどうかを研究するわけではないし、そもそもそれは不可能に近い。実際には現在の人生の前に別の人生を生きていたかどうかが直接の研究対象となる。現在の人生の前（＝誕生よりも前）の人生であるから、死後に対して生前と呼ぶことができるだろう。こうして研究は、死後研究と生前研究に分けられる。

5 死後研究

本書では、死後研究をさらに臨死体験研究と交流体験研究に分ける。このうち臨死体験とは、死亡した（あるいはそれに近い状態に陥った）後で蘇生した人により、死亡から蘇生までの間に経験したとして語られる体験のことである。一方の交流体験とは、死者（かと疑われる存在。以下では省略）と何らかの交流・接触をもった体験のことである。「幽霊を見た」とされる体験などがこれに含まれる。

「この世」「あの世」という言葉を使うと両者の関係がわかりやすい。「この世」から「あの世」に行って帰ってきたとされるのが臨死体験であり、「あの世」から「この世」に来たとされる存在との接触が交流体験である。ちなみに「この世」から「あの世」に行っただけでは単なる「死」である。

身体から「自分」が抜け出す「体外離脱」と呼ばれる体験があるとされるが、臨死体験の大半は体外離脱体験を含むと考えられている。

6 生前研究

生前研究とは、「現在の人生の前（＝誕生よりも前）にも別の人生を経験していたのではないか」ということに関する研究である。これは人生が繰り返されるかどうかの研究でもあるから、生まれ変わり（再受肉）の研究でもある。

本書では生前研究をさらに生得記憶研究と退行催眠研究に分ける。研究において最大であると同時にほとんど唯一の手がかりは、前生のものとされる記憶である。その記憶が生まれながらの（生得的な）自然なものか、後から人為的に退行催眠によってよみがえらせたものかによって区分ができる。このうち前者を生得記憶研究、後者を退行催眠研究と呼ぶ。直接には記憶の獲得方法による分類だが、その記憶の内容や性質には大きな違いが見られる。

仮に生まれ変わりがあるとしても、神経組織が受け継がれるわけではない。にもかかわらず記憶が受け継がれるというのはナンセンスだという人も多いが、この点については後述する胎内記憶・誕生記憶の存在が重要な手がかりを与えてくれる。

死後研究の紹介

1 臨死体験研究 ― 臨死体験とは

死亡した（あるいはそれに近い状態に陥った場合を含む）後で蘇生した人により、死亡から蘇生までの間に経験したとして語られる体験が、臨死体験と呼ばれる。

医師の死亡宣告が出ていることも少なくない。ただしその後で蘇生しているため、死亡宣告は取り消されている。病院で起こることが多く、身体的状況などについての客観的なデータや、医師や看護師などによる信頼できる証言が得られやすい。そのため、他の研究手法と比べれば格段に信頼性の高い情報が得られる。ただし体験そのものは本人以外にはまったく知ることができず、それだけでは客観性をもたない。

臨死体験の内容は、多くの人が幻覚かと疑うような特異な体験である。しかもまったく個人的で、何ら客観性をもたないはずの体験である。そのようなものが注目されるのは、多くの人がかなりの程度まで共通する体験を語るからに他ならない。

2 臨死体験研究 ― 体外離脱

多くの場合、「自分」が身体の外へ抜け出る体験をする。したがって臨死体験は体外離脱体験の一種、あるいは体外離脱体験を含むといって差し支えない。

体外離脱体験とは文字通り、「自分」が身体の外へ抜け出る体験である。通常、「自分」とは身体そのものか、あるいは身体の中にあるもののようなイメージで捉えられているが、体験者の自覚としては明らかに「自分」が身体から抜け出ている。しかも前述のように、臨死体験においては医学的に死が確認されている場合も多く、その際に身体が機能していないことはほぼ確実である。

体外離脱体験に対して誰もが感じる疑問は、「本当に身体から抜け出ているのか」というものだが、身体から抜け出ている証拠とされるものは数多く存在する。もっとも多いのは、身体の目の位置からは絶対に見えない物を見ているというものである。ベッドに寝ていたのに周囲の様子を上から見ているとか、起き上がることもできないのに外で起こった事柄を詳細に知っている、といったものである。

3　臨死体験研究 ― そのプロセス

死の瞬間に「自分」はすでに体外に抜け出ており、最大の苦しみは体験していない。身体の周囲に人がいれば、その人に話しかけたり肩を叩いたりするのだが、相手はまったく気づかない。それどころか相手の肩を自分の手が通り抜けるといった体験をする。その後、暗いトンネルのようなものを抜けて別世界と感じられる場所へ行く。

別世界は非常に心地よい場所として感じられ、過去に死亡している家族や友人と再会して安心する。この前後に自分の人生を振り返ったという人が多い。

その後で何やら途方もなく偉大な感じがする存在と出会う。それは大きな光などとも表現される。暖かい最高の愛に包まれたという人もいる。やがてこれ以上は進めないという境界・限界を感じるが、これは川・壁などと表現されることが多い。この時に自分の家族のことを考えたり、自分の身体に向かって呼びかける家族の声を聞いたりする人もいる。そしてその後の体験はない、あるいは覚えていないのだが、気が付くと自分の身体の中に戻っている。

4　臨死体験研究 ― 共通する体験

以上が典型的な臨死体験のプロセスである。大半の人はこれらの要素のすべてを体験しているわけではなく、いくつかの要素が抜け落ちていることが多い。

また実際の表現の仕方は大きく異なっており、かなりの個人差がある。そのため臨死体験とは、それまでに学んだ知識に基づいて形成されたものだとする疑いは成り立つ。ただし多くの研究者は、表現の仕方は異なるものの、体験した内容は文化を越えてきわめて類似していると考える。相違するのはあくまでも表現であり、そのもとにある体験はかなりの程度まで共通しているとみる。

さまざまな検討がなされているが、基本的な内容に性別・年齢・人種・職業・受けた教育・もっている知識・信じる宗教などによる明らかな違いは見出されていない。また文化的な知識をほとんどもっていない幼児も同様の体験をしていることがわかっている。この事実は、臨死体験がそれまでに学んだ知識に基づくものだとする見解への反証になる。

5　臨死体験研究 ― 体験の影響

大半の研究者は「何か」を実際に体験していると考えている。体外離脱の証拠についてはすでに述べた通りだが、さらなる重要な証拠になるのが、体験者たちの大半が死の恐怖が減少または解消したと語っていることである。

臨死状態に陥ったことがある人たちの大半が、重い病気にかかったり、大きな事故に遭ったりしている。少なからぬ人たちがその後も健康な日常生活からはほど遠い生活を送っている。常識的に見ればその状況は悲惨だといって差し支えない。それに加えて死ぬのが怖くないのであれば、「みな死を求めるのではないか」とも想像されるのだが、誰も死を求めない。体験者たちは生きる使命のようなものを感じ、そのような状況の中でも、むしろ積極的に生きていこうとする。

臨死体験は幻覚に過ぎないとする主張もあるが、人生観が変わるほどの幻覚を見ることはない。仮にそこまで幻覚の影響を受けるとすれば、正常に思考や会話ができる状態にはないはずである。したがって臨死体験を単なる幻覚と断定するのは困難である。

6　臨死体験研究 ― どう理解すべきか

大半の研究者は「何か」を実際に体験していると考えている。しかしその「何か」が死の体験なのか、それとも生の体験なのかについては謎のままである。

生きている時には体験できない、きわめて特殊な体験のように思えるが、結局は生きていたのだから「生の最後の体験であって死の最初の体験ではない」という反論は成り立つ。死後の体験ではなく死の直前の、つまりは生きていた時の体験ではないかという疑いを否定することはできない。

原理的に考えれば、死後の体験であることの証明は不可能である。なぜなら、そもそも「この条件を満たせば死後の体験だと認められる」という条件自体が存在しない。したがってどれだけ証拠を集めても、まだ条件を満たしていないことになってしまう。条件がないのだから、条件を満たすことは不可能だと言わざるを得ない。

なお臨死体験者の多くが、体験後に何らかの超能力が身についたと感じている。UFOを見たという人も、通常よりも高い割合で存在することがわかっている。

7 交流体験研究 ― 交流体験とは

ここでいう交流体験とは、死者かと疑われる存在と何らかの交流・接触をもった体験である。このような報告は大昔から世界各地に存在しており、報告の数自体は膨大なものになると推測される。しかしその中で研究対象になりうるもの、高い客観性を備えた証拠があるものは割合としてかなり少ない。

いわゆる心霊写真、死者らしい存在が写真に写っているといった報告は多い。しかしそれが本当に死者かどうかを判定することは、ほとんど不可能である。死者かと疑われるものが写っているその場所に何もなかったのかどうかは、同じ場所に、しかも同じ日時に戻らない限り厳密には確認できない。

この分野でもっとも事例が多いのは「幽霊を見た」とする報告である。これも客観性に欠けるものが大半で、そのような報告だけで死者の存在を断定することはできない。したがって、この分野で客観性の高い証拠を積み上げるのは、非常に困難だと言わざるをえない。

8 交流体験研究 ― 死の前のやすらぎ

ターミナルケアの第一人者とされるキューブラー＝ロス（1926～2004）は、死を目前に控えた人がしばしば先に死んだ人、主に家族の「幻覚」を見ていることに気づいていた。その「幻覚」はその人を癒し、元気づけ、まったくの別人のようにしてしまうほどの絶大な影響があった。そのため彼女は、それが事実かどうかは問題にせず、患者が「癒されている」、患者の「役に立っている」という点を何よりも重視していた。

やがて彼女は、「幻覚」に現れる人が必ず死んだ人であり、一つの例外もないことに気づく。中には「先に死んだことを知らない人」を見たり、「存在すら知らなかった人」を見たりする場合まであったことから、幻覚でないことを確信する。たとえばAとBが一緒に交通事故にあって別々の病院に運ばれた場合、AがBの幻覚を見るのはBが死亡してからであって例外はないという。子どもが生きているママやパパの幻覚を見ることがないことからしても、願望ではないと考えられる。

9 交流体験研究 ― 真性異言

この分野で特に信憑性が高いとされるものの一つが真性異言の研究である。真性異言とは、生きている人の口から本人が使えるはずのない実在する言語が発せられるものをいう。会話は一般にスムーズではなく大変な時間がかかるものの、調査する人物が発音を直されたという事例まである。

異言を語るのは「本人」とは別人格らしい。つまり同じ身体でありながら、そこにまったくの別人格が現れて別の言語で話し始める。話す内容も「本人」のものとはまったく異なっており、異なる時代・地域に生きているようなことを語る。

習ったことのない言語で会話をするわけだから、詐欺などの可能性はきわめて低い。自然に会話ができるレベルまで上達することなどほとんど不可能だし、そもそも人を欺くためだけにそこまで努力をすること自体が考えにくい。

さらにはそこで語られる内容、たとえば過去の出来事も、一般の知識ではとうてい語れないものが含まれていることがある。

10 交流体験研究 ― 体験の特徴

前述した臨死体験における死者は体験者自身である。また後述する生前研究における研究対象も、前の人生で死んだ体験者自身である。しかしこの交流体験の場合だけは、体験者が本人以外の死者と交流・接触する。そしてこの死者がどのような存在であるかを考えると興味深いことに気づく。

有名な「うらめしや」は極端だとしても、同じ言葉しか言わない、同じ態度を取り続ける、いわば「静止している」事例が非常に多い。動きがあり、会話が成り立っているように見える場合でも、非常に時間がかかったり、意味不明の応答が含まれていたりする。また家族関係や死の直前の様子などといった記憶の一部は鮮明だが、それ以外の記憶はほとんど失われている。

交流体験の場合、現れる死者は完全な人間ではなく、重大なものが欠けているという印象を受ける。身体はもちろんだが、それ以外にも心的・精神的要素の一部、あるいはその多くを欠いているように感じられるという顕著な特徴がある。

生前研究の紹介

生前研究の本題に入る前に、胎内記憶・誕生記憶（出生時記憶）を取り上げよう。

1 胎内記憶・誕生記憶 ― 研究の難しさ

子どもが胎内での記憶や誕生時の記憶をもっていることは、多くの研究者によって確認されている。とはいえ研究者にとっての最大の難関は、記憶がもっとも鮮明な時期には、子ども自身に会話能力がないことである。

それと関わるもう一つの大きな問題は、この記憶が成長と共に、特に小学校に入る頃になると急速に薄れていくことである。つまり十分な単語力を身につけ、まっとうな会話できるようになった時点では、その記憶が残っていない。

このような事情から、どうにか会話ができるという程度の時期、使える単語が少ない上に論理的な説明ができないなど困難の多い時期に聞き出さない限り、胎内記憶や誕生記憶の確認は難しい。

2 胎内記憶・誕生記憶 ― アンケート調査

日本では医師の池川明（１９５４～　）が胎内記憶・誕生記憶について大規模な調査（３０００組を超える親子へのアンケート調査）を行っている。この調査によれば、胎内記憶をもつ子どもは約三割、誕生記憶をもつ子どもは約二割いる。

子どもの場合、目の前に具体的に存在しないものに意識を向けるのが非常に難しい。そのため胎内記憶・誕生記憶を意図的に思い出させるのは至難の業だといってよい。そのような事情がありながらも、約二割あるいは約三割の子どもに記憶があるという事実は大いに注目されてよい。

これに加え、「はっきりしない」が胎内記憶・誕生記憶のいずれにおいても約三割を占めている。仮にこれが「はっきりし」たとすれば、「ある」の割合はもっと高くなる可能性がある。

この調査から確実にいえるのは、胎内記憶は「少なくとも三割」の子どもが、誕生記憶は「少なくとも二割」の子どもがもっているということである。

3 胎内記憶・誕生記憶 ― 記憶は正しいのか

これらの記憶は事実に基づくものなのだろうか。すべての事例について確認作業が行われているわけではないが、事実に基づくと確認されたものも数多く存在する。

胎児や乳児の時点での記憶がなければ、とうていありえない発言は少なくない。

たとえば誕生直後の周囲（通常は分娩室）の様子が「どうしてあんなに明るかったのか」とか、周囲の人々（医師や助産師）が「どうして顔の下をハンカチ（＝マスク）で隠していたのか」と問いかける子どもがいる。また「どうして眼の中に水（＝目薬）を入れたのか」「どうして鼻の中にストロー（＝チューブ、管）を入れたのか」「どうしてプラスチックの箱の中に入れたのか」……といった疑問を語る子どももいる。

帝王切開で生まれた子どもが、その事実をまったく知らないにもかかわらず、生まれる前に「窓が開いた」と語った例もある。お腹の中に「蛇がいた」といった奇妙な発言も、それが「へその緒」だとすれば十分に納得がいく。

4 胎内記憶・誕生記憶 ― そこから言えること

常識的には、記憶を担当するのは神経組織だとされている。この神経組織の発達が一応完了するのはせいぜい二歳くらいだから、それよりも前の記憶は存在しないとされてきたし、常識的にも最初の記憶は三～四歳くらいだと言われている。

それが正しいとすれば、胎内記憶や誕生記憶はありえないことになる。しかし現実には、上述したようにそのような記憶は間違いなく存在する。さらに池川は子どもたちの記憶内容を検討した上で、次の三つのことは言えるのではないか述べている。

① 子どもの選択で両親が選ばれている。
② 子どもは両親（特に母親）を助けるために生まれてくる。
③ 子どもは自分の人生の目的を達成するために生まれてくる。

池川は、他にも数々の興味深い指摘をしている。子どもたちが九割以上の確率で胎児（弟妹）の性別を当てる、母親よりも早く妊娠に気づいた子どもが35％もいる、等々である。そして幼い兄や姉には赤ちゃんが見えると結論づけている。

5 生得記憶研究 ― 記憶の特徴

すでに述べた通り、生前研究は生得記憶研究と退行催眠研究とに区分できる。いずれの場合も手がかりとなるのは前生のものとされる記憶である。

ここでいう生得記憶とは、生まれながらに前生の記憶らしきものをもっていることである。生まれながら（生得）とはいっても、生まれた直後に話はできないから、話し始めるのはせいぜい二～三歳以降のことになる。ただし、その内容に対応する体験が本当にあったとすれば、それは誕生以前のことだと考えざるを得ない。つまり前生の体験だと推測する以外にない。そのような記憶をもつの子どもは現在の家族に溶け込めず、異質な行動をとることが多い。

一般に話し始めは二～五歳ごろで、その後は次第に記憶が薄れて、五～八歳ごろには話すのをやめてしまう。これらの特徴は前述の胎内記憶・誕生記憶と見事に一致している。

記憶の内容は故人（前生の自分）やその家族の話が中心になる。死やその直前の出来事について語ることが多く、それ以前の記憶はもっていないらしい。

6 生得記憶研究 ― 記憶の検証（1）

最大の関心は、そのような記憶が本当に前生のものなのか、という点にある。これを確認するためには記憶の中の故人に関する調査が必要になる。

調査の結果、記憶の中に家族以外には知るはずのない内容が多数含まれていたという事例は少なくない。家族内での呼び名、家族内でしか通用しない言葉や合図、家族内での慣例などといったものである。

故人の家族が生存していることがわかり、研究者が仲介して、記憶をもつ人物と引き合わせたという事例がある。その際には、一目で故人の家族全員の名前や家族関係を言い当てている。また家に行くと、自分の座っていた場所や自分の持ち物などを言い当てた上に、当時から変化した家の部分や近所の様子までをも言い当てている。

その一方で疑問の声も多い。しばしば指摘されるのは、記憶の持ち主が故人の家族に接触し、その人物についての情報を前もって入手するといった共謀の可能性である。そのような疑いについては、１００％排除することは困難であろう。

とはいえ、さほど多くはないものの、両者の共謀が非常に困難な事例も存在する。それは両者の住む国や使用する言語が異なっていたり、両者の間に風俗習慣や社会的身分などに関して大きな隔絶があったりする場合である。

たとえばインドには法律上は認められていないものの、いわゆるカースト制度が存在する。その場合、上位カーストと下位カーストでは同じ地域であっても生活様式がまるで異なっているため、互いの生活様式を具体的に知ったり、さらにはそれを演じたりすることは非常に困難である。

これとは別に、情報を得ただけでは過去の人物になりすますことが困難な場合もある。前生で学んだとされる踊りや、複雑な儀礼ができるといった事例がそれにあたる。

これに加え、本人や家族がそれによって名声も金銭も得られないことが明らかな、むしろマイナスになる場合には、共謀の可能性は低い。それでも「可能性が低い」と言えるだけで、疑いを100％排除することはやはり困難である。

故人が非業の死をとげたケースが高い割合を占めている。また記憶の中の故人は男性である場合が圧倒的に多く、この両者は密接な関連があると推測されている。

戦争があれば兵士になるのは一般に男性である。また昔から危険な仕事の多くは男性が担ってきた。そのような点から、非業の死をとげる人は男性が多かったことが推測される。そして、そのような人物が前生の記憶をもって生まれ変わるのだとすれば、非業の死をとげた人、あるいは特殊な死に方をした人の方が前生記憶が残りやすいということが推測できる。死に際しての無念さの程度が、前生記憶の残りやすさと関係している可能性がある。

この分野の第一人者であるイアン・スティーヴンソン（1918～2007）によれば、死亡してから再受肉までの期間は6～48か月で、平均は15か月である。しかし記憶が残っていること自体が特殊なケースであるため、これが再受肉の一般的な平均値といえるかどうかについては疑問がある。

9　生得記憶研究 ― 身体的証拠

生得記憶をもつ人物に母斑（生まれつきのアザ）や先天的欠損（生まれつきの奇形）があり、それらが記憶の内容と、言い換えれば前生での出来事と関連しているといった事例が見つかっている。一例を紹介しよう。

ある人が「心臓をピストルで撃たれて死んだ」という記憶をもっていた。記憶に基づいて調査してみると、本人の前生とされる人物は実在し、実際に心臓をピストルで撃たれて死亡していた。しかもその人（現生の人物）は心臓に珍しい障害をもっている。調べてみると、その前生とされる人物は、心臓を撃たれた後に現在の病状と一致する状態になって死亡していた。

母斑や先天的欠損と記憶の関連については、母斑や先天的欠損に基づいて後から記憶の内容が作られた可能性がある。しかし右記の事例では、本人は心臓の具体的な状況を把握していたわけではない。したがって後から記憶が作られたとする批判は当たらない。

10　生得記憶研究 ― 発生率の違い

生得記憶がランダムに生じるとすれば、どの地域でも発生率はほぼ同一になるはずである。しかし生得記憶の発生率は、生まれ変わり信仰がある地域の方が明らかに高い。これを根拠に、しょせんは「信仰のなせるわざ」であって、客観性に欠けるとする指摘もある。

しかしここでいう発生率とは、研究者のもとにまで情報が到達した率でしかない。生まれ変わり信仰のない地域では、子どもがそのような発言をしても親が無視するか、強く抑圧する可能性が高い。子どもが生みの親に向かって「本当の親ではない」などと言う場合があるが、そのような時に「もう一度言ったら殴る」といった脅迫を受けることは少なくない。これに加えて、社会がそれを無視するか強く抑圧するということが重なる。そのため研究者のもとに情報が到達する率は低くならざるを得ない。

同一の家族に生まれ変わる率や、前生の人物と性別が変わる率も地域によって大きな違いがあるが、これらについても同様の事情が推測できる。

11　生得記憶研究 ― 説明可能性

記憶が前生のものであり、生まれ変わりがあると認めたとすれば、これまで説明が困難とされてきたさまざまな事柄の説明がきわめて容易になるとする指摘がある。たとえば、乳児期の恐怖症、教わることなく示す技能、理不尽な攻撃性、風変わりなクセや欲求、早熟な性的衝動や性同一性の混乱、一卵性双生児に見られる相違点といったものである。

一般には特に疑問にも思われていないが、人間が生まれながらにして個性を持っているのはなぜか、つまりは完全に白紙の状態では生まれてこないのはなぜか、という素朴な疑問がある。人間は生まれながらにして個性のみならず、遺伝などによっても有利不利が決定づけられている。なぜ同じスタートラインに立っていないのかという疑問も、前生の存在を認めることで説明が可能になる。

生得記憶をもつ子どもの多くに、死の恐怖に基づくと考えられる心的外傷ストレス障害（ＰＴＳＤ）が観察されるという事実も、この仮説を支持するものとなっている。

12　生得記憶研究 ― どう理解すべきか

記憶が事実であることについては、ほとんど疑えないような事例が多数存在している。そのため、過去に生きた人物の記憶を持っていること自体は疑えない、とみる研究者は少なくない。したがって過去に生きた人物の記憶を得る手段が生まれ変わりのみであれば、生まれ変わりが存在する強力な証拠といえるだろう。

ただし過去に生きた人物の記憶は、生まれ変わり以外でも入手できる可能性がある。たとえば死者によって憑依されている場合には、その死者によって記憶が語られる可能性がある。またテレパシーなどによって死者の記憶を得たという可能性もある。

ところで、これまで説明してきた生得記憶と、この後で取り上げる退行催眠による記憶とを比較すると興味深い事実に気づく。退行催眠ではさまざまな時期の記憶が語られるのに対し、生得記憶では記憶の内容や時期がかなり限定されている。そして生得記憶の内容・特徴は、前に取り上げた交流体験における死者が語る内容・特徴との共通性が非常に高い。

13 退行催眠研究 — 退行催眠とは

続いて退行催眠研究を取り上げるが、まずは退行催眠「療法」の説明から始めよう。

退行催眠療法とは、過去において心に傷を負い、それが現在にまで影響を与えている場合に使用される治療法である。患者を催眠にかけて心に傷を負った時点までさかのぼらせ（退行させ）、その事実を思い出させることでその傷を癒す。癒しのメカニズム（なぜ癒されるのか）については諸説あるものの、封印されていた記憶を思い出すだけで症状が全快あるいは改善することは、経験から明らかになっている。

かつては現在の人生の範囲内で退行するのがあたりまえだったが、現在では前生とされる記憶にまで退行することも行われるようになってきている。退行催眠研究の対象となるのは、そのような記憶である。前生とされる記憶にまでさかのぼる場合、前生（前世・過去生・過去世）療法などとも呼ばれる。本来「療法」ではあるが、現在では興味関心から前生を知りたいという人も利用するようになっている。

14 退行催眠研究 — 前生記憶研究との違い

生得記憶研究の対象となる記憶が、生まれながらにして持っているものであるのに対し、退行催眠研究の対象となる記憶は催眠によって人為的に呼び起こされたものである。ただし両者の記憶の間には、それ以上に大きな違いがある。

生得記憶の場合、死の瞬間やその直前の記憶の他は、家族関係など人生のほんの一部しか語られず、記憶の大部分が欠けていると見られる。これに対して退行催眠の場合、催眠者の指示に応じて人生のさまざまな時点での記憶を詳細に語ることが可能である。たとえば「7歳の時」と指示すれば、7歳の時の記憶をよみがえらせることができる。しかも多くの場合、複数の人生（前生の前生、さらにその前生…）についての記憶までもが語られる。

退行催眠中は「当時の自分」とそれを観客のように眺める「今の自分」が共存する。「今の自分」がいるので、自分のしたことを現在の言葉で、現在の知識に翻訳して理解し、説明することができる。当時の自分が日本語を話せなくても問題はない。

15　退行催眠研究 ― 記憶の検証（1）

退行催眠においては、しばしば複数の人生の記憶がよみがえり、そこから無限ともいえる情報を引き出すことができる。だとすれば、確実な証拠などいくらでも見つかるようにも思える。

しかし一つ前の人生ですら、戸籍が整っていない等の理由で、その人物の実在が確認できないことが多い。ましてや二つ前の人生やそれ以前になると、そのようなことはまず期待できない。とはいえ、次の事実には注目する必要がある。

前述の通り、退行催眠とは治療のための手段であり、通常は現在の人生の範囲内で行われる。そして心に傷を負った事実に基づく記憶を思い出さない限り、大幅な改善・全快がないことが確認されている。したがって前生の記憶の場合でも、記憶を思い出すことで症状が改善・全壊した場合には、その記憶は実際の記憶、つまり事実に基づくものではないかと推測される。

16　退行催眠研究 ― 記憶の検証（2）

前生へと退行した人に当時の様子を詳しく語ってもらい、その内容を歴史学者等に検討してもらうと、見事に一致するものが多い。その中には現在の常識・知識からは推測できない内容を語っているものも含まれている。前生の記憶として語られた何本もの裏通りの名前が、後に発見された古地図に記されていたとか、住んでいたという謎の村がダムの底になって沈んでいたことが判明した、など豊富な実例がある。

また、本人が知っていることと催眠中に語ることが一致しない場合も少なくない。これは催眠中の発言が、本人の意識に基づくものでない重要な証拠となる。そもそも本人が前生の存在を認めていないことも少なくない。

家族や親友など、現在の人生で近い立場にある人物たちが、退行催眠において同じ時代・同じ場所の前生を語ることがある。互いの前生を知らずに別々に退行催眠が行われた場合でも同様の結果が出ている。

17　退行催眠研究 ― 人生の振り返り（1）

退行催眠の場合、中間生の記憶までもが語られる点が大きな特徴になっている。中間生とは、ある人生とその前の人生の間の期間であり、地上での人生を送っていない期間、身体をもっていない期間のことである。このような期間、死者は眠っているわけではなく、活発に活動しているという。

さまざまな活動の中には人生の振り返りが含まれる。ただし、人生の振り返りには二種類ある場合、あるいは二度ある場合があり、しかもそれぞれで大きく異なった振り返り方をするらしい。

最初の人生の振り返りは死の直後になされる。ただし死ななくても、死に瀕した時などには同様のことが起こることが知られているし、臨死体験でも同様の報告がある。これは目の前に映し出された映像を眺めるようなもので、淡々とした体験である。自分の人生ではあるが、傍観者のように眺めたと語る人が多い。この時の自分は、明らかにそれまで生きていた自分そのもの、あるいはその延長だといってよい。

18　退行催眠研究 ― 人生の振り返り（2）

もう一つの振り返りは、そのようなものではない。この時の自分は、それまで生きてきた自分とはまるで違う。簡単にいえば倫理観が非常に高まり、絶対的といってよいほどの道徳性を備えている。同時に視野が広がり、無限といってよいほどの広大な視野をもっている。要するに何でもわかり、何でも見通せる。そのような状態で自分の人生を振り返る。

そのような高い見地から眺めた自分の人生は反省点だらけである。「まずまず」のできごとがたまにある程度で、全体として合格点に達することなどあり得ない。

個々の出来事については、他者のためになった行為を見て心の底から喜び、他者を傷つけた行為を見て心の底から苦しむ。見方を変えれば、他者に与えた喜びや苦しみを自分が受取っていると理解することもできる。こうした中で迷惑をかけた相手に対し、いわば借りを清算したいという気持ちが生じる。こうして自らの成長・向上のためにも、また借りを清算するためにも、もう一度生まれたいと望むようになる。

19 退行催眠研究 ― 高次の倫理観

自分自身を成長させることが、生まれ変わりの大きな目的だという。中間生にいる時には誰もがそれを理解しているため、自分自身が成長できるように、困難な人生を設計する。ただし他者との関係もあるので、すべてが設計通りに進むわけではない。詳細な部分までは決めずにおき、大きな方向性だけを決めておくことが多い。そもそも、新たに生まれた自分は設計内容も設計したことも忘れているため、予想もしない方向に人生が展開することも珍しくない。

中間生には神や閻魔のような裁く人はいない。ただしアドバイザー的な存在がいて、さまざまなアドバイスをもらうことができるという。

高い見地から見れば誰もがたくさんの人に迷惑をかけているが、特に迷惑をかけたのは、一般に身近な人たちである。したがって、そのような人たちと同じ時代・地域に生まれなければ互いの貸し借りを清算することができない。その結果、身近な人々は再び、互いに身近な人々として生まれる。

20 退行催眠研究 ― カルマ

ホイットン（１９４５〜２０１７）はカナダのトロント大学医学部精神科主任教授として、始めは通常の、現在の人生の範囲内での退行催眠療法を行っていたが、やがて前生や中間生についての研究をするようになる。

仏教などのインドの宗教はカルマ（業《ごう》）を説く。伝統的には「善因善果、悪因悪果」と言われ、善いことをすれば善い報いがあり、悪いことをすれば悪い報いがあるとされている。

ホイットンは中間生の研究から、カルマは存在すると主張する。ただしその現れ方は多様であるという。悪い行為をして加害者となった場合で考えると、その結果の現れには(1)同様の行為の被害者になる（報い）、(2)ほぼ同等の被害を受ける（償い）、(3)何らかの形でそれが悪い行為であったことを学ばせられる（学習）といった段階がある。人間の成長段階によって違いがあり、未発達の人格には(1)が、発達した人格には(3)が適用されていると考えられている。

再受肉とカルマ

1　死は終わりではない

科学的研究の紹介は以上で終了し、ここからはシュタイナーの見解を取り上げる。

現在では、「人間＝身体」あるいは「人間＝心身」と考える人が多い。前者の場合、死による身体の崩壊が、そのまま人間全体の崩壊と見なされる。これに対し後者は心の存在を認めている。とはいえ通常、心は身体に全面的に依存したものと捉えられているため、やはり身体の崩壊が人間の崩壊と見なされる。

しかしシュタイナーによれば、人間は四構成体からなる。そして死とは、その中の物質体の崩壊でしかない。エーテル体、アストラル体、自我は物質体に依存していないので、物質体の崩壊後も存続する。そもそも人間の本体といえるのは自我であって物質体ではない。

死とは、死を超えて継続する人間の「生」における一つのプロセスでしかない。

四構成体の理論からすれば、死はあくまでも物質体の崩壊であって、人間そのもの、人間全体の崩壊ではない。したがって人間は死によって終わるわけではない。

2　再受肉の論証

さらなる問題はその先である。死後も、ある意味で「生き続ける」人間は、その後で再び生まれ変わる（再受肉する）のだろうか。シュタイナーは次のように語る。

あらゆるものには原因がある。自分の身体的な形姿は、基本的には親の姿や先祖の姿を受け継いでいる。簡単にいえば先祖の姿が原因だといってよい。

では自我はどうだろう。人間であれば誰もが自我を持っているが、その自我は一人ずつまったく異なる。その意味で、人間は一人ひとりが一つの動物の種《しゅ》に相当するといえるほどである。一人ずつまったく異なる自我の原因を、先祖に求めることはできない。

自我が無から発生したのではない以上、過去に原因があるはずである。だとすれば、自我の原因は前生の自分、前生の自我以外にはありえない。

3 伝統的な輪廻説との違い（1）

再受肉を繰り返すことを輪廻と呼ぶ。輪廻といえばインドといえるほど結びつきは深い。シュタイナーの説も、当時はインド思想あるいは仏教の理論の焼き直しと捉えられることが多かった。しかしシュタイナーは、そのような理解は根本的な誤りだとしている。ただしこの点は、特に日本人には理解しにくい部分がある。

日本では生まれ変わりが、しばしば未来への希望と結びつけられてきた。たとえば江戸時代、身分の違いから結婚できない男女が「生まれ変わって結婚しよう」と誓い合って心中する、といった話が人気だった。あるいは戦乱の世において戦いに敗れた武将が、「生まれ変わって復しゅうを遂げてみせる」と誓って死んでいく、といった話もある。ここでの生まれ変わりは、まさに未来への希望である。現代の日本人が輪廻を信じているかどうかは疑問だが、「仮に輪廻するのであれば、してもかまわない」と考える人が多いのではないだろうか。「絶対に輪廻などしたくない」という人は、おそらく少数派だと思われる。

4 伝統的な輪廻説との違い（2）

しかしこのような日本人の理解は、本来の仏教の教説に対する無理解から生じたものだと言ってよい。インドでは、輪廻はつねに絶望と結びついていた。

来生（来世）では、そもそも人間として生まれる保証などなく、人間として生まれる可能性はきわめて低いとされてきた。来生は蚊やハエ、ゴキブリ、蛇かもしれない。だとすれば、生まれ変わりたくないと思う人の方がはるかには多いはずである。仮に人間として生まれたとしても、現在の人生で悪いことをしていれば、その報いを受ける。「よいことだけをしてきた」と自信を持って言える人はともかく、それ以外の人はそのような報いを恐れた。漁業ではつねに魚を殺しているし、農業でも虫などを殺している。輪廻すれば、その報いを受けなければならない。

したがってインドでは、輪廻とは絶望であり、輪廻しない方法こそが求められていた。宗教はそのために存在したといっても間違いではない。修行をして覚《さと》りを開くことができれば、二度と輪廻することはないとされる。

5　伝統的な輪廻説との違い（3）

インドでは、誰もが輪廻などしたくないと思っている。とはいえ覚りなど、そう簡単に開けるものではない。そのため結果的に大半の人が輪廻せざるをえないのだとされる。

これに対しシュタイナーは、何度も地上に生まれることによって、自分を向上させ、社会を向上させることができるとしている。単純にいえば、伝統的な輪廻説は輪廻に対してネガティブであって生まれ変わらないことを願うものだが、シュタイナーはポジティブであって生まれ変わることを歓迎する、その点では完全に真逆である。

もちろん一度の人生でも、自分を向上させることは不可能ではない。とはいえ、凡人が聖人君子になれる可能性は非常に小さい。繰り返し地上に生まれることによって初めて、本格的な向上が可能になる。

また地上に生まれるたびに他者や社会のために活動することで、他者の向上を助けることもできるし、社会を向上させることも可能になる。そしてこのような活動は、そのまま自分自身の向上にもつながる。

6　伝統的な輪廻説との違い（4）

前述のようにインドでは、来生では、そもそも人間として生まれる保証などないと考えられてきた。しかしシュタイナーは、人間はかならず人間として生まれ変わると主張している。人間が来生に人間以外の動物として生まれることはない。この点でもシュタイナーの主張は、伝統的な輪廻説とは大きく異なっている。

人間は現在、自我を獲得するレベルまで進化している。これに対して動物は、まだ自我を獲得できていない。すでに自我を獲得した人間が、生まれ変わることで自我を失うようなことはない。その点で、人間と動物の間には大きな違いがある。人間は一人ひとりが動物の一つの種に相当すると述べた。実際に、人間は一人ひとり自我を持つっているのに対して、動物は種ごとに自我を持っているのであって、個体ごとに自我を持っているわけではない。しかし輪廻するのはもちろん個体の自我だから、動物は輪廻しない。そのような点から考えても、人間が動物に生まれ変わることはあり得ない。

7　新たな学びとしての再受肉（1）

輪廻は自分を向上させる大切な機会となる。輪廻はそのために存在するといってよい。したがって生まれてくる環境は、その人ができるだけ向上しやすい、効率よく学べる環境が選ばれる。

前生の環境と似た環境に生まれることは、通常ない。なぜなら、新たに学ぶことが少なくなるからである。むしろ、前生の環境とはまったく異なる環境に生まれることが多い。その方が新たな学びが多いので、自分を向上させやすい。職業などについても同様のことがいえる。

音楽の才能が非常に優れた人に出会うと、ジョークとはいえ「モーツァルトの生まれ変わりだ」などと言うことがある。しかし優れた音楽家は、音楽家としての学びがほぼ終わっているので、音楽とは無関係の環境に生まれ変わる。

たいていの場合、性別も変わる。これも男性としての学び、女性としての学びには大きな違いがあるからである。

8　新たな学びとしての再受肉（2）

新たな学びのためには、生まれてくる時期も重要である。前生の環境とまったく異なる環境に生まれた方が新たな学びが多いと述べたが、このことは生まれてくる時期とも密接に関連する。単純にいえば、似た時代に生まれるよりも大きく異なる時代に生まれた方が、新たな学びが多くなる。そこで浮かぶ疑問は、ここでいう「時代」はどこで区切られるのか、である。ここでいう「時代」は、もちろん学校の歴史で学ぶ時代区分とは無関係なので、ごく簡単に説明しておこう。

シュタイナーによれば、いわば客観的な「時代」が存在している。そのような時代は文化期と呼ばれ、およそ２０００年が単位になっている。つまり、およそ２０００年経つと、地上の様子は大きく変化する（＝時代が変わる）。シュタイナーは、この２０００年の間に一度は男性として、一度は女性として生まれるのが基本だと述べている。例外はあるものの、単純に計算するなら、生まれ変わりの間隔はおよそ１０００年ということになる。

9 カルマ（1）

シュタイナーはカルマの存在を明確に認めている。とはいえ、カルマの定義といったものは述べていない。一般には、前回の人生の行為が次の人生に影響を与える場合、その影響を与える力がカルマと呼ばれることが多い。とはいえ、二つの人生にまたがらない場合でも、たとえば若い時の行為が年老いた人生に影響を与えるような場合でも、その影響を与える力はしばしばカルマと呼ばれる。

もちろんカルマは物理的な力ではないし、常識的な因果関係では説明できない。また当然のことながら、意図した結果を生むものはカルマではない。たとえば「受験勉強を一生懸命やった結果、志望校に合格した」といった場合、志望校に合格させた力をカルマと呼ぶことはない。

なお「カルマ」という言葉は行為を意味するサンスクリット語である。中国や日本の仏教では伝統的に「業《ごう》」と訳されてきた。

10 カルマ（2）

シュタイナーはカルマの説明の中で次のようことを語っている。今朝の目覚めた後の行動は、昨晩の眠る前の行動によって影響されている。少なくとも昨晩の眠る前の行動とまったく無関係に、今朝の行動を始めることはできない。カルマもこれと基本的には同様である。具体例を挙げて説明しよう。

昨晩、ひどく酔っぱらって公園のベンチで眠ってしまったとしよう。この場合、今朝は公園のベンチで目覚める以外にない。公園のベンチで眠りながら、自宅のベッドで目覚めようとしてもムダである。また昨晩、ひどく酔っ払っていれば、今朝、すっきり目覚めようとしてもムダであって、通常は二日酔いの状態で目覚める。

このように、間に「眠り」が挟まれていても、その前の行為は後の行為に影響を与える。カルマも同様であって、間に挟まれる「眠り」が「死」に変わったに過ぎない。このようなカルマであれば、非科学的とはいえないのではないだろうか。後の行為が、前の行為とはまったく無関係になされると考える方が、むしろ非科学的だといえる。

11　当時の研究に対する批判（1）

19世紀後半の欧米では交霊会（降霊会）がブームとなっていた。参加者は数名～10数名程度で一人の霊媒が加わる。霊媒が死者を招き、霊媒の口を通じて参加者と会話する。招かれる死者は参加者の共通の知人や有名人だったりする。研究の一環としても交霊会が行われ、それを根拠に死者の実在が主張されることが多かった。

死者との会話が実際になされているとすれば、死が人間の終わりではないことの証明になるようにも思われる。しかしシュタイナーは、このような交霊会に対して一貫して批判的だった。

その最大の理由は、言葉を発しているのが死者ではないからである。死者が言葉を発するというのは、シュタイナーに言わせれば虚偽である。死者にとって地上の言語は不要であり、死の直後から会話する能力を失い始める。霊媒の潜在意識が死者とつながっているとしても、その言葉が死者の発したものではないという意味では虚偽であり、そのようなものに関わってはならないとしていた。

12　当時の研究に対する批判（2）

シュタイナーは交霊会に限らず、当時の心霊研究協会が中心になって行っていた死後研究の大半に対して批判的だった。心霊研究協会は、何よりも客観的な研究を目指していた。たとえば死者を招いた上で、誰も手を触れない物体が動いたとすれば、死者の実在が証明されると考えていた。しかしシュタイナーによれば、そのような発想は物質主義に他ならず、死者を正しく理解するものではない。

物質と精神は、とりあえずは明確に区別される。しかも物質を物理的に動かすのは物質の役割であって、精神の役割ではない。物質の次元で死者の存在を証明しようという発想は、物質の存在だけが確実であることを前提にしており、死者を物質のように見なすものに他ならない。

シュタイナーの基本的な考えは、精神は精神によって理解されるべきであり、精神は精神によって働きかけられるべきだ、というものである。

再受肉のプロセス

1　概要

まずは死後のプロセスの全体の流れを、四構成体に注目して概観しておこう。

自我は物質体を分離し（＝死）、次にエーテル体を分離し、最後にアストラル体を分離する。分離された各々の「体」は、それぞれの世界の「素材」から作られている。物質体は物質界の「素材」から作られている。エーテル体やアストラル体についても同様である。分離された「体」が崩壊すれば、その「素材」はもとの世界へと戻る。

自我は長い期間を経た後に、地上に生まれるための準備を始める。まずはアストラル界の「素材」を集めて、自分にふさわしいアストラル体を作る。同様にしてエーテル体を作ることになるが、その際には霊的存在が深く関わる。そして物質体を準備するのは、基本的には両親、特に母親である。

以下ではこれらのプロセスを、もう少し詳しく見ていくことにしよう。

2　物質体の分離

死によって、人間は「物質体」と「エーテル体＋アストラル体＋自我」に分かれる。このうち前者の物質体はやがて崩壊するが、後者はその後も存続する。

エーテル体は生命の担い手である。主に肉、それも生肉である我々の身体が腐敗せず、分解しないのはエーテル体の力に他ならない。エーテル体が離れると、それまではエーテル体の力によって物理法則に逆らっていた物質体が物理法則に従うようになり、やがては崩壊する。

死によって物質体はエーテル体から分離するが、これは一瞬にして起ることではない。エーテル体は、たしかに中心部からは急速に離れるものの、末端や表面から抜けるにはしばらく時間がかかる。死後もしばらくは髪や爪やひげなどが伸びることが観察される。これはエーテル体が、末端や表面から抜けきっていないからである。

ただし西洋近代科学では、そのようなことは認めていない。水分が抜けるなどして身体が収縮するので、そのように見えるだけだと説明している。

3 エーテル体の分離（1）

エーテル体は、物質体が分離されることで主要な役割を終える。そのため物質体を分離した後、しばらくするとエーテル体が分離され、「エーテル体」と「アストラル体＋自我」に分かれる。シュタイナーによれば、エーテル体が分離されるまでの時間は、「徹夜で起きていられる時間」に等しい。

後述するように、眠りとはエーテル体とアストラル体の分離である。エーテル体は、いわばアストラル体にしがみついているのだが、力尽きて手を離すとアストラル体が去っていき、眠りに入る。死後のエーテル体の分離も基本はそれと同様であるため、分離までの時間は徹夜で起きていられる時間と等しくなる。

死に際して、あるいは生きている時でも非常に大きなショックを受けた時などに、人生の記憶を振り返ったという報告は多い。臨死体験者の大半にそのような報告が見られるし、また同様のことは世界各地で伝承されている。このような人生の振り返りは物質体の分離の後、エーテル体が完全に分離されるまでの間に起る。

4 エーテル体の分離（2）

生きている間、エーテル体は記憶の保管などを行っているが、死によってその作業を終える。するとエーテル体は分離される前に、保管していた人生のすべての記憶を映像のような形で現し出す。ここに映し出される記憶には、ふだんは自分が完全に忘れていたものまで含まれている。言い換えれば、エーテル体にはありとあらゆる記憶が保管されている。

しかし我々が生きている時には、あらゆる記憶をよみがえらせることなどできない。それどころか、必要なことが思い出せないことの方が多いかもしれない。なぜそうなのだろうか。それは、物質体が記憶の再生を妨げているからである。

我々はあらゆる記憶を持っている。しかし無制限に記憶がよみがえったとすれば、目の前の事柄に集中することができなくなり、正常な日常生活が送れなくなるだろう。そのようなことが生じないように、物質体が記憶を制限していて目の前の事柄と関連ない記憶は再生されないようになっている。

5 眠りと死（1）

エーテル体の分離とは、具体的にはエーテル体とアストラル体との分離である。特別なことのように思えるが、同様のことが基本的には毎日起っている。眠りがそれである。大きく異なるのは、エーテル体が物質体と結びついているかどうかである。

アストラル体とは本来、アストラル界の存在である。物質体から抜け出てアストラル界に入れば、自在にエネルギーを補給して物質界での「ゆがみ」を修正できるが、物質体の中に戻るとその補給が途絶えてしまう。そのため、定期的にアストラル界に戻ってエネルギーを補給する必要がある。それが眠りである。眠ることによって意識を失うのは、アストラル体が物質体から離れるからであり、そのことを物質体の側から見ているからである。

物質体を離れたアストラル体は、やがてエネルギーを補給して戻ってくる。そのため眠りから覚めた後は、眠る前よりも元気になっている。

6 眠りと死（2）

以前に示した鉱物・植物・動物・人間と四構成体の関係の表（あるが○、ないが×）に、眠るかどうか（眠るが○、眠らないが×）、死ぬかどうか（死ぬが○、死なないが×）を加えると、以下のようになる。

	物質体	エーテル体 「死ぬ」	アストラル体 「眠る」	自我
鉱物	○	×	×	×
植物	○	○	×	×
動物	○	○	○	×
人間	○	○	○	○

眠るかどうかはアストラル体の有無と一致し、死ぬかどうかはエーテル体の有無と一致することが確認できる。

7　アストラル界の体験

「アストラル体＋自我」の状態で滞在する世界はアストラル界（あるいは魂界）と呼ばれる。ここでの滞在期間はおよそ人生の三分の一の長さであり、人生が75年なら25年程度、90年なら30年程度とされる。これは人生における眠りの時間の合計にほぼ等しい。ただし個人差が大きいともいう。

アストラル体を持つ我々は、物質界に存在しながら、同時にアストラル界にも存在している。ただし物質界の刺激が強すぎるため、アストラル界の繊細な事柄を意識するのは困難である。

アストラル界は、我々が日常意識している物質界とは大きく異なる。物質界では距離や障害物などが決定的な影響を与える。距離が遠ければ、あるいは途中に障害物があれば見えないし、声も届かない。しかしアストラル体は感情の担い手であるから、距離や障害物よりも共感・反感といった感情面が決定的に重要になる。「心が通じる」といった表現は、物質界では比喩でしかないが、アストラル界では事実になる。

8　浄化

この人生で人間的に成長した分は次の人生に引き継がれるので、死によってそれまでの努力がムダになるわけではない。とはいえ具体的経験がそのまま持ち越されるわけではなく、一回の人生ごとに清算される。物質体とエーテル体を分離すると地上的な体はなくなるが、地上の人生の影響は大量に残されているため、これらを清算・浄化しておく必要がある。

地上の人生の影響には「今回の人生のみに関わるもの」と「次回の人生で清算しなければならないもの」がある。後者がカルマであり、こちらは次の人生で清算される。これに対して前者は、死後に清算・浄化されなければならない。

たとえば美食家は、死後も味覚による快感を求めようとする。しかし味覚を味わうために必要な口や舌などの器官はすでに失われていて、味覚を味わうことができない。そのために焼けるような苦しみを味わう。とはいえ、このように苦しむことによって、欲望は次第に浄化されていく。このような期間は、宗教によって煉獄、浄化の火などと呼ばれている。

9　人生の振り返り（1）

死者はこのアストラル界において再び人生を振り返るのだが、その際には時間の流れが逆になる。つまり誕生から死へと向かうのではなく、死から誕生へと向かう。

通常は気づかないが、我々は毎晩睡眠中に一日の出来事を逆の順序で振り返っている。死後の振り返りでは一生分まとめて振り返るわけだが、そのための時間は毎日の睡眠時間の合計に等しく、およそ人生の三分の一の長さになる。

人間はこの際、空間的に広がっていくように感じる。ただしすべての空間を満たしているのではなく、自分が分裂してあちこちに存在しているような感じがする。

このように分裂することで、人生のさまざまな時点で関わりのあった人々の全員と再び接触できる。ある人が東京にいれば自分の一部は東京にあり、大阪にいれば大阪にある。すでに死んでアストラル界にいればアストラル界にあるという状態である。40歳のある時点を振り返っているとすれば、その時点で関わりのあった人々の全員と接触している。その上で「する人」「される人」が逆になる。

10　人生の振り返り（2）

ここでの振り返りは、いわば映画の映像をながめるかのようだった前回のエーテル体が切り離される時とは大きく異なる。前回はエーテル体、すなわち記憶による振り返りだったが、今回はアストラル体、いわば感情による振り返りだといえる。また「する人」「される人」が逆になることで、自分が「した」行為の際に「された」側の体験をする。たとえば40歳の時に人を殴った人の場合、時間をさかのぼって40歳になると、その時に殴られた相手が感じた痛みや気持ちを、自分が相手の中に入って体験することになる。

このようなアストラル界における「居心地」は、その人がどのような人生を歩んできたかによって天と地ほどの差が出る。他者に多くの喜びを与えてきた人にとっては、多くの喜びが返ってくる天国だが、多くの苦しみを与えてきた人にとっては、多くの苦しみが返ってくる地獄である。このことが諸宗教において、文字通り天国や地獄として描写された可能性が高い。

11 アストラル体の分離

やがてアストラル体が切り離される。死後の物質体が物質素材に分解されて物質界に解消するように、アストラル体はアストラル素材へと分解されてアストラル界に解消する。とはいえ一部のアストラル体は分解されないまま残存することがある。不自然な素材から作られたプラスチックが分解されにくいように、あまりにも強く凝り固まった不自然な思いや感情を担ったアストラル体は分解されにくい。このようなものが、我々の周囲には少なからず存在している。シュタイナーはこのようなものをアストラル死体と呼んでいる。

シュタイナーが明確に述べているわけではないが、いわゆる幽霊の多くは、このようなアストラル死体だと推測される。アストラル死体は自我すなわち人格を持っていないわけだが、まさにこれは一般の幽霊のイメージと一致する。

健全で充実した人生を送れず地上に未練を残した人は、非常に早く生まれ変わることがある。そのような場合には、まだ解消されていない自分の前生のアストラル死体を取り込んでしまうことがあるという。

12 死者との交流

シュタイナーが、当時の心霊研究協会などの死後研究に対して批判的な態度をとっていたことについては、すでに触れた。しかしシュタイナーは、死者との交流の可能性を否定しているわけではない。彼は精神的な交流の可能性については、むしろ積極的に認めている。シュタイナーによれば、生前につながりがあった人とは死後もつながることができる。またそのようなつながりを通して、死者は地上世界のことを知ることができる。

死者は抽象的な概念を捉えることができない。しかし、死者が目の前にいると強くイメージし、生前の死者と共に体験したことを生き生きと思い出すと、そのような思いは死者に届く。同様にして、精神的な内容の本を具体的に理解しながら読むと、それは死者に届くし、それによって死者を助け、支援することもできる。

死者は自分の周囲の精神世界について、地上で精神世界について持ちえた思考の容積分しか体験できないのだという。

13 死後・生前科学的研究との対応

現在の死後研究は、死んだＸさんがＸさんのまま、物質体をもたずに存続する証拠を挙げている。一方で生前研究は、死んだＸさんがまったく別人のＹさんとして地上に生まれ変わる証拠を挙げている。多くの宗教も、このどちらかの立場に立つことが多い。この二つの立場は、両立させることが不可能ではないものの、困難である。

シュタイナーの見解に基づいて考えるなら、死んだＸさんは別人のＹさんとして地上に生まれ変わるわけで、生前研究の成果こそが正しい。ではＸさんのまま存続するものは何かといえば、それはアストラル体であることが推測できる。

死者がＸさんのままで生者の前に現れるといったこと自体がきわめて珍しい。非常にまれな、ごく例外的なものと考える必要がある。また死者が現れたという報告も、（例外はあるものの）死後の間もない時期であることが圧倒的に多い。これはアストラル体が本来は容易に解消するもので、比較的早くアストラル界に溶け込んでしまう存在であることから説明できる。

14 自我として

地上に生まれるのは、およそ２０００年の間に二回（男女各一回）とされる。単純に考えて、一回のサイクルは１０００年である。地上の人生がおよそ１００年、アストラル界に滞在する期間がおよそ30年だとしても、アストラル体を分離してから自我だけで存在する期間が大半を占めることになる。この間、死者は何をしているのだろう。

死者はこの期間に地上に働きかけ、地上を作り変えている。地球を進化させていると言ってもよい。死者は単に眠っているという説もあるが、シュタイナーによれば、死者は人類や地球のためになるさまざまな活動をしているのであって、けっして眠っているわけではない。

この１０００年が終わりに近づくころに、生まれ変わりの準備が始まる。この準備は意外に早く、両親になる予定の人物の数代前の段階から始まる。このことだけでもわかる通り、親を選んでいるのは子どもである。親が勝手に子どもを産んでいるわけではない。

15 再受肉

生まれ変わりについて、ひと言で述べるなら、「自分にふさわしい体をまとって、自分にふさわしい時に、自分にふさわしい境遇に生まれる」と表現することが可能である。ただし注意が必要なのは、ここでの「ふさわしい」の意味である。

ここでいう「ふさわしい」は、現在の自分、あるいは前生の自分の行為などに対して「ふさわしい」という意味であって、けっして「心地よい」、ましてや「喜ばしい」などの意味ではない。とはいえ長い目で見れば、自分を成長させるに「ふさわしい」ものになっているという意味では、本質的な意味では「喜ばしい」ものといえるかもしれない。

死後に人生を振り返ったように、受肉の前には人生のおおまかな予告を見る。とはいえ、人生はその予告の通りに進むわけではない。他者との関係によっても影響を受けるし、何よりも人間には自由がある。自分がどのような人生を歩むかについては、自分で決めることができる。

16 カルマ

生まれ変わることにはさまざまな意味があるが、その中のひとつに、前生での「貸し借り」を清算するというものがある。わかりやすくいえば、迷惑をかけた人に対して、それを償うということである。そのため互いに深い関係がある人々は、次の人生でもお互いが出会いやすい形で、つまりは同じ時代・同じ地域に生まれ変わることが多くなる。

シュタイナーによれば、これについては次のような傾向がある。現在の家族とは、前生において人生の半ばに他人として出会っていて、また来生の半ばに他人として出会う可能性が高い。もちろん単なる出会いではなく、自分の人生に深く関わる人としてである。現在の人生の半ばに他人として出会った人々は、前生において家族であり、また来生においても家族になる可能性が高い。

つまり家族になる人は、一回おきの人生で家族になっている可能性が高い。逆にいえば、現在の家族は前生では家族でなかった可能性が高いということでもある。

解剖学

生まれ変わり（再受肉）の唯一ともいえる証拠は記憶である。しかし現代は唯物論全盛の時代であり、物質的な証拠がないと説得力を欠いていると見なされがちである。そのことを踏まえて、ここでは骨相学の話から始めたい。

1 骨相学

ヨーロッパでは、かつて骨相学なるものが流行していた時期がある。その前提となる理論は、簡単にいえばおおよそ次のようなものである。「脳の働きは頭蓋骨の形態と密接に関連している。頭蓋骨を測定すれば脳のどの部分が発達し、どの部分が未発達かがわかる。それに基づいて、その人の性格などがわかる」。

その人の頭を見て性格を割り出すという意味では、人相占いと似ている面がある。ただし骨相学が「頭蓋骨の形態」とか「測定」といった、いかにも科学的な雰囲気を持っている点が大きな違いといえば違いであろう。

2 骨から見た再受肉（1）

シュタイナーは、骨相学でわかるのはその人の現生の状態ではなく、前生の状態だという不可解なことを述べている。シュタイナーによれば、現生の頭は前生の胴・四肢の部分がメタモルフォーゼ（変態・変容）したものに他ならない。そのため頭からわかるのは、その人の前生だというのである。

メース（１９０２～１９９０）という医師が、このことを骨の比較によって確認することを試みている。

以前にも述べた通り、身体の全体に三分節があるように、頭にもかなり明確な三分節がある。この意味で頭は全身の見事な縮図になっており、各々の骨が対応関係にある。

骨の名前だけでピンとくる人は少ないだろうが、（胴と四肢、頭の順で）両脚と下顎、両腕と上顎、肩甲骨と側頭骨、骨盤と頭骨の基部、鎖骨と頬骨といった対応が確認できる。各々の下部の骨は下部の骨に、中間部の骨は中間部の骨に対応する。実際に骨の形を見れば、素人目にも、一方が他方のメタモルフォーゼであることが納得できる。

3 骨から見た再受肉（2）

とはいえ具体的な説明は、写真や図がなければとうてい不可能だろう。興味のある人は、メース『シュタイナー医学原論』（平凡社、２０００）所収の「骨格の秘密―変態の実相」を参照してほしい。そこには豊富な写真や図が掲載されている。

とはいえ、ある骨と別の骨が「似ている」といっても、それは恣意的な判断だといった批判はあると思われる。では次の点はどうだろう。

全身の四肢に対応するのは、頭の中のアゴの部分である。この対応はそれぞれの範囲で最大の運動器官であるというだけでも納得がいくと思われる。上顎が両腕と、下顎が両脚に対応するわけで、細かく見れば骨の突起などまで対応していることに気づかされる。

さらなる驚きはその先にある。誰でも知っている通り指は左右に五本ずつで、手に10本、足に10本ある。この指が歯に相当するわけだが、乳歯は上が10本、下が10本あり、左右に五本ずつなのである。

4 骨から見た再受肉（3）

もうひとつ大変興味深い事実がある。胴の骨と頭の骨を比較する際、骨の形をそろえようとすると、左右が逆の骨を使わざるをえなくなる。つまり胴の左側の骨には頭の右側の骨が、胴の右側の骨には頭の左側の骨が対応する。同じ側の骨を使うと左右の向きが逆になってしまう。

このような事実から推測すると、前生の胴は上下方向を保ちつつも、前後を反対向きに（＝左右を逆に）した形で頭にメタモルフォーゼ（変態・変容）しているらしい。とにかく確実にいえるのは、前生と現生という違いがあるものの、胴の左側と頭の右側が、胴の右側と頭の左側が結びついていることである。

広く知られている通り、我々の神経は実際にこのような結びつき方をしている。右脳・左脳は各々同じ側の右半身・左半身ではなく、反対側の左半身・右半身を支配している。その理由は西洋近代科学でもまったく不明だが、このような生まれ変わりに伴うメタモルフォーゼが深く関連している可能性が考えられる。

第3節　気質

四つの気質

1　気質とは（1）

気質とは古代ギリシア以来、ずっと受け継がれてきた広い意味でのタイプ論の一種である。数あるタイプ論の中で、もっとも長い歴史をもつものの一つだといってよい。

人間としてもっとも大切なのは個性であってタイプではないが、一般にタイプは個性よりもはるかに早く、しかも容易に知ることができる。特に一度に大人数と対した時など、その差がはっきりする。そのため年度の始めに大人数の生徒たちといきなり向き合わあければならない教師などにとって、気質の知識は非常に有効である。

なお気質という言葉は、さまざまなニュアンスで使用される。以下で紹介するのはシュタイナーの思想をベースにした気質の理論である。一部に独自の要素を含むものの、大筋では古代ギリシアの気質の理論を受け継いでいる。

2　気質とは（2）

典型的な気質は四つあり、胆汁質・多血質・粘液質・憂うつ質と名づけられている。その背景には古代ギリシアの四元素説があるが、古代インドにも同様の説が存在しており、普遍性の高いものであることがうかがえる。

四元素とは地（土）・水・空気（風）・火であり、それぞれ固体・液体・気体・熱に相当する。人間の四構成体との間には、物質体と地、エーテル体と水、アストラル体と空気、自我と火という対応関係がある。これらが順に憂うつ質・粘液質・多血質・胆汁質に対応する。

気質は四構成体の、いわば力関係によって決まっている。簡単にいえば自我が優勢な人が胆汁質、アストラル体が優勢な人が多血質、エーテル体が優勢な人が粘液質、物質体が優勢な人が憂うつ質である。

典型的な気質は、外的対応力・内的持続力がそれぞれ強いか弱いかによって区分できる。ここでの外的対応力とは外側の新しい状況に素早く適応する能力、内的持続力とは内側に関心を向け、その関心をいつまでも持続する能力である。

3 四つの気質

四つの気質の主な特徴・相互関係を図示すると次のようになる。

「外」は「外的対応力」、「内」は「内的持続力」、「＋」は「強い」、「－」は「弱い」を意味する。

上下に示した胆汁質（＋＋）と粘液質（－－）、および左右に示した多血質（＋－）と憂うつ質（－＋）は、それぞれが反対の性質をもつ。

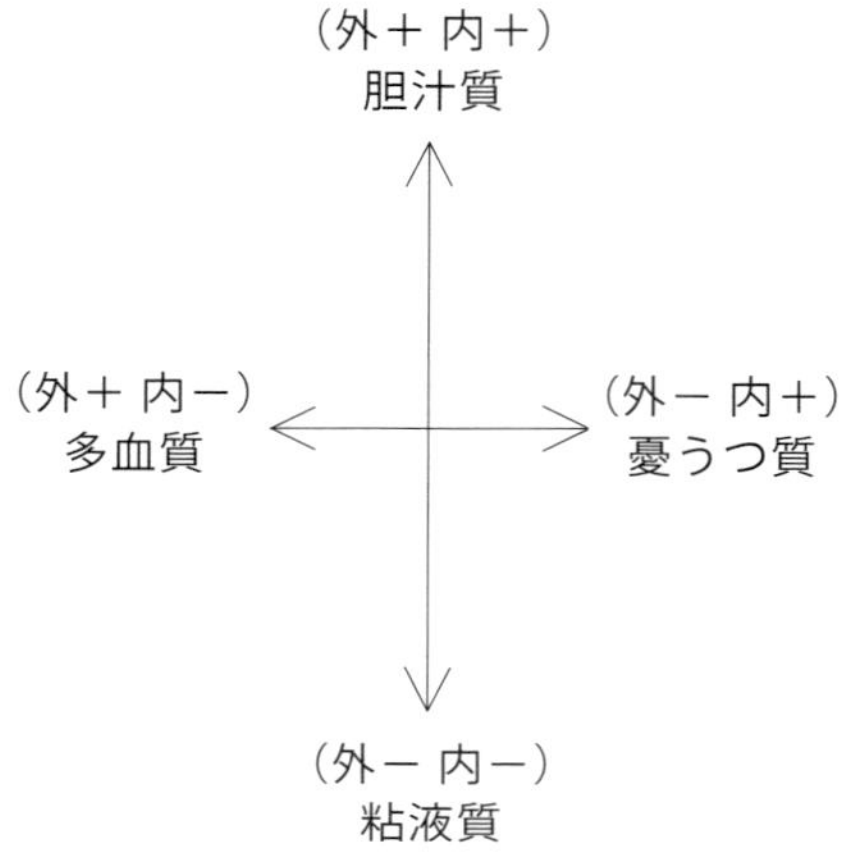

4 気質の原則

気質に関する重要な原則を確認しておこう。もっとも重要なのは、誰もが四つの気質のすべてをもっているということである。

上に示した「四つの気質」とは、あくまでも典型的な気質である。実際には誰であれ、この四つの気質が混ざり合っている。ある気質の典型のように見える人であっても、その人が「１００％そうだ」「いつもそうだ」というわけではない。

もうひとつ重要なのは、ある気質に対して働きかける場合は同じものを用いるという原則である。酸やアルカリであれば、正反対のものを用いて中和することもできるが、気質にはこのようなやり方が適用できない。気質が極端に出ている場合など、つい反対の気質で働きかけてしまいたくなる。しかしそのような態度は何の効果もないどころか、むしろ悪影響を及ぼす。同じ気質で働きかけながら、必要があれば少しずつ少しずつ「ずらして」いく。これが気質に働きかける際の原則である。

5　胆汁質：自我優勢、火、外的対応力＋、内的持続力＋

さまざまな場面でリーダーシップを発揮し、人を束ね、導こうとする。王や武将などリーダーとして名を残した人にはこのタイプが多い。ただしリーダーといえば聞こえは良いが、単にわがままな暴君、トラブルメーカーで、自分勝手なだけということもある。自己主張が激しく、論理的で白黒をはっきりさせたがる。他人に対して高圧的にふるまうことが多く、対立を招きやすい。

身体：背が低く、がっしりして、肩幅が広い。首は太くて短い。
動作：かかとで地面をけとばすように決然と歩き、足音が大きい。まなざしが鋭く、しっかりしている。短時間しか寝ない。早起き。
性格：行動的。力強く活発な意志の持ち主。障害にくじけない。気が強く、気性が激しい。攻撃的、衝動的。たくましく、威勢がよい。あいまいさが嫌いではっきりさせたがる。

6　粘液質：エーテル体優勢、水、外的対応力－、内的持続力－

外見上はやる気を感じず、怠惰な印象を与えることが多い。何かを継続しようとする強い意志はないものの、外からの刺激にまどわされることが少ないため、習慣化されたことはどこまでもやり続ける傾向にある。そのため人知れず大きな業績をあげる人も少なくない。何ごとにも動じない。

身体：ふっくらして、肥満気味。ひきしまっておらず、ずんぐりしている。顔立ちはしばしば無表情で、無関心に見える。
動作：行動は遅い。歩き方は不器用。
性格：満足できる状態に強い関心があり、食べることと寝ることが大好き。おとなしく、自己主張しない。目立たず、他人に従う。口数が少なく、穏やか。辛抱強く、ものに動じない。刺激や反応に鈍い。怠惰な印象を与えやすいが、長続きすることも多い。

7 多血質：アストラル体優勢、空気、外的対応力＋、内的持続力－

笑顔が多いため第一印象が非常によく、多くの人から好感をもたれる。社交性があり、誰とでも仲良くなれる。ただし興味関心が持続しないため、一人の人と強い絆を保ったり、一つのテーマを追い続けたり、一つの話題を語り続けるのは苦手である。悪気がなくても頼まれたことを実行できなかったり、約束を破ったりしてしまう。そのため八方美人、軽薄とみなされやすい。

身体：中肉中背で、均整がとれている。顔立ちが整い、表情が豊か。

動作：手足の動きが活発。身軽で機敏で素早い。寝起きが良い。跳ねるようにつま先で歩く。いろいろなものを少しずつ、頻繁に食べる。

性格：明るく、いきいきしており、明朗活発。人なつっこい。天真爛漫。感情をストレートに表現。何にでも興味をもつが、すぐに関心が薄れる。楽観的で、短期的には人から好かれる。優柔不断。

8 憂うつ質：物質体優勢、地、外的対応力－、内的持続力＋

外からの刺激にまどわされることなく、ひたすら一つのことを考え続ける。深い思索をしているが、それを行動に移すことは少ない。また深い思索はしばしばマイナス方向に向かいやすい。悲しいことは嫌いで、楽しい状況を求めている。人づきあいが嫌いなわけではないが、それを苦手としているため、結果として孤独でいることが多い。悲しんでいる人がいると、勇気を出して手を差し伸べることがある。

身体：背は高く痩せていて、前かがみ。目は悲しそう。

動作：全体的に重たい。寝つきも目覚めも悪く、朝は不機嫌。足取りに確固さがない。

性格：物静かで引っ込み思案で、行動を伴うものを避けようとする。寂しさを嫌う。孤独でいることが多いが、孤独を好むわけではない。物腰はきまじめ。気に病み、深く悩む。打ち解けにくい。繊細。

9 各人の気質

前述の通り、誰もが四つの気質をもっている。これは気質を理解する際の重要な原則である。したがって自分自身を詳細に観察すれば、すべての気質が理解できると言われている。

とはいえ反対の気質どうしは両立しにくい。たとえば胆汁質的な面が強く出ている状況で、同時に粘液質的な面が出ることは通常ない。したがって一人の気質としても、胆汁質が優勢であれば粘液質は劣勢であって外からはわかりにくい。通常は優勢な気質を一つないし二つもっていることが多く、それと反対の気質は劣勢である。

いずれにせよ、「Xさんは100％胆汁質」「Yさんは100％多血質」といったことはありえない。仮に「Xさんは胆汁質」といっても、それは胆汁質的な傾向が優勢といった意味でしかない。同じ人でも状況に応じて、また相手や周囲の気質に応じて、しばしば表面的に現れる気質は異なる。

10 気質の優劣

どの気質が良い、どの気質が悪い、といったことは、少なくとも本質的には一切ない。同じ気質が、状況次第で良くも悪くも現れる。それぞれの状況に適しているか適していないかという、いわば偶然による事情があるだけだといってよい。別の言い方をすれば、どの気質もそれぞれ良い面、悪い面をもっている。とはいえ社会や文化自体が多様なため、その社会や文化に適している・適していないという傾向があることは否定できない。

現代社会は、以前と比べて人間関係が広く浅くなりつつある。黙っていては理解してもらえず、はっきりと明確に表現しないと伝わらない。つまり外的対応力が重視されており、その点で多血質や胆汁質の方が一般に有利という傾向があることは否定できない。その一方で、かえって表面的な人間関係を嫌う人たちがいることもまた事実である。かつての伝統社会では雄弁さがしばしば軽薄さを意味していた。そのような社会がまたやってこないとも限らない。

11　気質による相性

とりあえず個性のことは無視して、気質の基本となる理論だけの範囲で語るなら、気質相互の相性については次のようなことがいえる。

同じ気質どうしは気が合う。たとえば憂うつ質の人どうしは互いに気が合うし、多血質の人どうしは互いに気が合う。そして反対の気質どうしは気が合わない。たとえば胆汁質の人は粘液質の人に対し「やる気がないダメな人」と感じ、粘液質の人は胆汁質の人に対し「勝手にあれこれ決めて押しつける迷惑な人」と感じたりする。多血質の人は憂うつ質の人に対し「暗くて付き合いづらい人」と感じ、憂うつ質の人は多血質の人に対し「軽薄で誠実さがない人」と感じたりする。それ以外の気質の場合は、気が合ったり合わなかったりする。

同じ胆汁質でも「胆汁 ― 憂うつ」「胆汁 ― 多血」などがあり、その程度もさまざまであるから、上記の内容がつねにあてはまるわけではない。基本となる理論だけで考えた場合の話である。

12　気質の変化

気質を意図的に、それも根本的に変化させることは難しい、というよりも不可能だと考えられている。とはいえ大人であれば、自分の気質との「つきあい方」を変えることはできる。自分の気質をよく知って、そのプラス面を発揮し、マイナス面があまり出ないように気をつける、といったことである。気質は完全に固定されたものではなく、いつでもある程度の範囲内で変化している。そのことに気づけば、その範囲内で自分の気質を意図的に変化させることができる。さらに訓練を積めば、変化の範囲を少しずつ広げることもできる。こうすることで、それぞれの場面にふさわしい気質をより強く表に出すこともできるし、状況に応じて気質を使い分けることもできるようになる。

気質もある程度までは、年齢によって自然に変化することが知られている。一般に幼児期には多血質が、青年期には胆汁質が、中年期には憂うつ質が、老年期には粘液質が強まる傾向にある。

1 教育と気質

気質の理論が活用できる機会は、相手が子どもの場合が圧倒的に多い。そのため教育の現場では特に利用価値が高い。

子どもの場合、自らの性格を冷静に、客観的に語ってくれることなどありえない。大人の側が、子ども本人からの情報提供が一切ない状況で、一方的に子どもを理解しなければならない。

また子どもの場合、気質がいわばむき出しになっている。それが極端な気質であれば、常識的に見てもよくないし、人間関係を損ねやすい。極端な気質は可能であれば修正されることが望ましい。その際に重要になるのは、同じ気質で働きかけることである。同じ気質の子どもが集まっていると極端な気質を互いに弱め合うことになるので、教室では同じ気質の子どもを集めて座らせるとよい。

2 座席の配置

気質にふさわしい座席の配置があると言われる。それは次のようなものである。

教室でもっとも誘惑が多いのは窓側である。校庭で他のクラスが何かやっていると、ついそれを見てしまう。粘液質の子どもは外からの誘惑にもっとも影響されにくいため、窓側に配置される。

多血質の子どもは集中力に欠け、おしゃべりが多い。そのため教師のもっとも目の届きやすい教室の前の方に配置される。

憂うつ質の子どもは全体が見渡せると安心できる。また皆の視線を浴びると緊張したり、不安になったりする。座席が前の方だと教師の視線、さらには後ろからの生徒の視線にさらされやすい。そのため教室の後ろの方に配置される。

胆汁質の子どもは通常、授業はまじめに受けるべきだと考えているので、基本的にはどこに配置しても問題はない。そのため上記三つの気質の子どもの配置が優先され、残った場所（通常は廊下側）に配置される。

3　四則・楽器など

気質はさまざまな事柄と関係している。たとえば足し算・引き算・掛け算・割り算の四則についても、気質との関係が考えられる。もっとも単純な足し算は粘液質の子どもにふさわしい。（胆汁質の子どもには苦痛である。）マイナス思考の憂うつ質の子どもには引き算がふさわしい。（「どれだけ残っているか」をつねに気にしている。）飛び跳ねることが好きな多血質の子どもには掛け算がふさわしい。スパッと割り切れる割り算は胆汁質の子どもにふさわしい。

気質は楽器にも関連している。胆汁質にふさわしい楽器は力を込めやすい打楽器である。リコーダーなどの管楽器は、空気の軽い音、軽やかな動き、しばしば主旋律（主役）になることなどから多血質にふさわしい。鍵盤をたたけば音が出るピアノは、粘液質にふさわしい。これはもちろん初歩段階の話であり、ピアニストとしての適性は別問題である。微妙な指使いが大切な弦楽器は憂うつ質にふさわしい。一般的に、音感がもっとも優れているのは憂うつ質である。

4　気質に応じた働きかけ

すでに述べた通り、ある気質に対しては同じ気質で働きかける必要がある。

日本では「苦手科目の克服」などといわれ、苦手なこと、不得意なことを意図的にやらせようとする傾向が非常に強い。それが必要な場合があるかもしれないが、その方法については熟慮する必要がある。気質に反した働きかけは何の効果もないどころか、むしろ悪影響を及ぼす。同じ気質で働きかけながら、必要があれば少しずつ少しずつ「ずらして」いく必要がある。

たとえば多血質が得意なことは多血質にやらせるべきで、それを反対の憂うつ質にやらせたところでも悪影響しかない。各人の得意な面を活かしながら協力し合い、助け合うことに気づかせることの方が大切である。

相手が幼いほど、それぞれの気質にふさわしい対応が求められる。そのため教師は、可能であれば親も、さまざまな気質を意識的に演じられ、使い分けられることが望ましい。

四元素説

1　四元素説

前述した四元素は地（土）・水・空気（風）・火の順に見えにくく、捉えにくくなる。また全体的な傾向として、地がもっとも重くて濃厚で粗雑、火がもっとも軽くて希薄で精妙である。「地・水・空気・火」のうち、地と水の二元素が冷たい（冷やす）のに対し、空気と火の二元素は暖かい（暖める）。また地と火の二元素は乾燥している（乾燥させる）のに対し、水と空気の二元素は湿っている（湿らせる）。個別に述べれば「地は冷・乾」「水は冷・湿」「空気は暖・湿」「火は暖・乾」となる。

たったこれだけの要素で、世界の現象をかなりの程度まで説明することができる。その結果、この考えは古代の二大哲学者とされるプラトンやアリストテレスによっても支持され、その後も支持を広げて定説化する。本格的な批判を受け始めたのは、ようやく18世紀になってからのことである。

2　四元素と気質

前述の通り地・水・空気・火の四元素には、順に憂うつ質・粘液質・多血質・胆汁質が対応する。

憂うつ質は「外的対応力－／内的持続力＋」であり、行動しない。そして「地」は重く、動かない。「地」のイメージ通り、動くことなく、暗く沈んでいることが多い。

粘液質は「外的対応力－／内的持続力－」であり、「水」のように動きが少ない。また「水」が容器の形に従うように、自己主張をせずに周囲の状況に合わせる傾向が強い。

多血質は「外的対応力＋／内的持続力－」であり、「空気」のイメージ通り、あらゆるものに接するが、接し方は表面的である。何ごとにも深入りせず、軽やかに飛び回る。

胆汁質は「外的対応力＋／内的持続力＋」であり、「火」のイメージ通り、攻撃的・破壊的である。何にでも力強く激しくチャレンジし、怒る時は激しく怒る。

3　気質理論の誕生

ヒポクラテスは古代ギリシアを代表する医師である。「医学の父」「医聖」「疫学の祖」などとも呼ばれている。記録に残っている限りでは、気質について最初に論じた人物でもある。

彼は人間の身体の主要な構成要素として四種類の体液を挙げており、この体液のバランスによって健康状態などが決まると考えた。四種類の体液とは血液、粘液、黄胆汁、黒胆汁である。これら四体液が混合して気質（＝混合）の要素が作り出される。ただし混合のバランスは人によってそれぞれ異なるため、異なる気質が作られる。

やがて血液が多い人を多血質、粘液が多い人を粘液質、黄胆汁が多い人を胆汁質、黒胆汁（メランコリー）が多い人を憂うつ質と呼ぶようになる。この四種類の気質については、すでにヒポクラテス自身が、地―憂うつ質、水―粘液質、空気―多血質、火―胆汁質という対応を述べている。

4　その後の気質理論

四元素説が18～19世紀まで支持され続けたように、それと密接に関連する気質の理論も同様の支持を受けていた。ただしそれ以降は、四元素説も気質の理論も急速に支持を失っていく。

四元素説は西洋近代科学へと連なる原子論や新たな元素説（元素の周期表などを思い浮かべてもらうとよい）にとって代わられる。気質の理論の基盤とされてきた四体液説も、病因論の変化によって時流に取り残される。

ただし気質の理論が長い間支持されてきた背景には、それがわかりやすく、また実用的だったという事実がある。「なぜか」はよくわからないとしても、確かに人間には、典型的なものとしては四つの気質があるらしいということは納得されてきたし、多くの現代人にも納得がいくものと思われる。この事実は、今となっては四体液説を支持する人はほとんどいないものの、気質の理論自体はそれと切り離しても理解でき、また使用できる説であることを示している。

読書案内

◎教育

子安美知子『シュタイナー教育を考える』学陽書房、１９９６
子安美知子『私とシュタイナー教育』朝日文庫、１９８４
子安美知子『シュタイナー再発見の旅』小学館、１９９７
上松佑二・子安美知子『芸術としての教育』小学館、１９８８

日本にシュタイナーブームを巻き起こした著者による概説的な著作（および対談）である。どれも非常にわかりやすい。

井藤元『マンガでやさしくわかるシュタイナー教育』日本能率協会マネジメントセンター、２０１９

マンガだけあって大変わかりやすい。しかもマンガだけでは終わらず、きちんとした解説がついている。

雁屋哲『シドニー子育て記—シュタイナー教育との出会い』遊幻舎、２００８

著者は『美味しんぼ』の原作者。オーストラリアのシドニーに移住してから、シュタイナー学校というものを知る。子どもを入学させた親の視点からの体験談である。不思議な学校に少し戸惑いながらも、広い視野から冷静にシュタイナー学校を見つめようとする姿勢が感じられる。

増田幸弘『プラハのシュタイナー学校』白水社、２０１０
　チェコのプラハに移住した著者が、現地のシュタイナー学校に子どもを入学させる。日本とは大きく異なる社会体制の中でのシュタイナー学校の位置づけなど、興味深い話題が多い。

広瀬俊雄『ウィーンの自由な教育―シュタイナー学校と幼稚園』勁草書房、１９９４
　日本におけるシュタイナー教育研究の第一人者が、ウィーンの学校と幼稚園について語った本。大筋では体験談ともいえるが、専門知識をもつ著者ならではの鋭い視点や解説が含まれている。

広瀬牧子『「親子で学んだ」ウィーン・シュタイナー学校』ミネルヴァ書房、１９９３
　わが子をウィーンのシュタイナー学校に1年間通わせた母親の体験談。

子安美知子『ミュンヘンの小学生』中公新書、２００４
子安美知子『ミュンヘンの中学生』朝日文庫、１９８４
　日本にシュタイナーブームを巻き起こした著者による体験談。後の著書と比べると理解が浅い分、素朴な驚きや感動がつづられている。

シュタイナー学園編『シュタイナー学園のエポック授業―12年間の学びの成り立ち』せせらぎ出版、２０１２
　日本で最初に文科省による認可を受けたシュタイナー学園。そのシュタイナー学園における、各学年でのエポック授業の内容を中心にまとめた本。

京田辺シュタイナー学校編著『親と先生でつくる学校 ― 京田辺シュタイナー学校12年間の学び』せせらぎ出版、２０１５
NPO法人京田辺シュタイナー学校編『小学生と思春期のためのシュタイナー教育』学研、２００６
京田辺シュタイナー学校の様子が、授業に限らず幅広く紹介されている。

ヘルムート・エラー『人間を育てる』トランスビュー、２００３
シュタイナー学校の教師について述べた本。シュタイナー教育について、教師の視点から学ぶことができる。

ドルナッハ・ゲーテアヌム教育部門と自由ヴァルドルフ連盟教育研究部門合同プロジェクト『シュタイナー学校の全カリキュラム第1～第8学年編（新版）』水声社、２０２１
タイトルの通り、シュタイナー学校の全カリキュラムを掲載した本。学年、教科ごとの記載がある。

西川隆範編訳『シュタイナー教育ハンドブック』風濤社、２００７
シュタイナーの基本的な発言を、大筋で教科ごと、学年ごとに集約したもの。

鳥山雅代『シュタイナー教育入門Ⅰ ０歳から９歳までの子どもの成長と12感覚器』田原出版、２０２２
鳥山雅代『シュタイナー教育入門Ⅱ ９歳から14歳までの子どもの成長と気質・メディア』田原出版、２０２２
鳥山雅代『シュタイナー教育入門Ⅲ 14歳から21歳までの思春期の成長』田原出版、２０２２
おおよそ年齢ごとに大変具体的でわかりやすい記述がなされている。年齢が上がるにしたがって記述が簡潔になる本が多いが、この本では21歳に至るまで、かなり詳しい記述がある。

シュタイナー、西川隆範訳『人間理解からの教育』ちくま学芸文庫、２０１３
シュタイナーは晩年の３年間、毎年イギリスに招かれ、シュタイナー教育をテーマに概説的な連続講義を行っている。
この本はその中で３回目のもの。他の同様の講義と比べると、驚くほどわかりやすい内容になっている。

シュタイナー、松浦賢訳『シュタイナー先生、こどもに語る』イザラ書房、１９９６
シュタイナー学校の生徒たちに向けてシュタイナーが直接語りかけた内容が収録されている。教育の理論や思想の学びにはさほど役立たないが、当時の状況がわかる上に、シュタイナーの気持ちまでもが伝わってくる。

クリストファー・クラウダー他『新訂版・シュタイナー教育』イザラ書房、２００８
ＡＣ・ハーウッド『シュタイナー教育と子ども』青土社、２００５
ギルバート・チャイルズ『シュタイナー教育』イザラ書房、１９９７
ルネ・ケリードー『シュタイナー教育の創造性』小学館、１９８９
ゲルハルト・ヴェーア『シュタイナー教育入門』人智学出版社、１９８３
これらはいずれも外国で書かれたシュタイナー教育の概説書(またはそれに近いと考えられるもの)である。シュタイナー教育の全体像をつかみたければ、このような概説書を読むことをお勧めしたい。

ミヒャエラ・グレックラー『デジタル時代の子育て―年齢に応じたスマホ・パソコンとのつきあい方』イザラ書房、２０２１
スマホ、パソコンといった現代的テーマについて論じた本。

シュタイナー、西川隆範訳『子どもの健全な成長』アルテ、２００４
シュタイナー、西川隆範訳『教育の方法』アルテ、２００４
シュタイナー、西川隆範訳『精神科学による教育の改新』アルテ、２００５
シュタイナー、西川隆範訳『シュタイナー教育の基本要素』イザラ書房、１９９４
シュタイナー、西川隆範訳『シュタイナー教育の実践』イザラ書房、１９９４

シュタイナー教育に関する講義を収めたもの。かならずしも体系的なものではないので、興味のある講義からよむことができる。

シュタイナー、高橋 巖 訳『教育の基礎としての一般人間学』筑摩書房、１９８９
シュタイナー、新田義之訳『教育の基礎となる一般人間学』イザラ書房、２００３
シュタイナー、鈴木一博訳『普遍人間学』榛書房＋精巧堂出版、２０１３
シュタイナー、森章吾訳『一般人間学』Kindle、２０１９

世界で最初のシュタイナー学校の開校に際し、その直前に教師予定者たちに向けて行われた３つの講義・演習の中の最初の講義。シュタイナー教育の原典とされる、もっとも重要な講義である。ただし読むのは、シュタイナーの思想、人間観などについて、理解が進んでからにした方がよい。右の４冊は同じ講義の翻訳である。

シュタイナー、高橋巖訳『教育芸術Ⅰ 方法論と教授法』筑摩書房、１９８９
シュタイナー、坂野雄二・落合幸子訳『教育術』みすず書房、１９８６

前述した３つの講義・演習のうちの２つめの講義で、テーマは方法論と教授法。上記２冊は同じ講義の翻訳である。

シュタイナー、高橋巌訳『教育芸術Ⅱ カリキュラムと演習』筑摩書房、１９８９
前述した３つの講義・演習のうちの３つめのもので、演習的な内容が中心である。

◎死後研究

立花隆『臨死体験（上／下）』文春文庫、２０００
著名なジャーナリストによるもので、広範な内容を網羅していて読みやすく、また興味深い。ただし体系的な叙述にはなっていない。

ジェフリー・ロング、ポール・ペリー『臨死体験９つの証拠』ブックマン社、２０１４
臨死体験が真実であるとする９つの証拠を挙げて、その一つひとつの説明している。

イアン・スティーヴンソン『前世の言葉を話す人々』春秋社、１９９５
この分野で特に信頼性が高いと考えられている真性異言の研究書。

大門正幸『スピリチュアリティの研究―異言の分析を通して』風媒社、２０１１
日本人が退行催眠中に語った異言を、日本人研究者が研究したもの。詳細な研究結果が提示されている。

◎生前研究

デーヴィッド・チェンバレン『誕生を記憶する子どもたち』春秋社、２００２
Ｔ・バーニー『胎児は見ている（増補新版）』祥伝社、１９８７
胎内記憶や誕生記憶が事実に基づくものかどうかについては検証が必要である。この2冊は、母子の証言の比較などを通してこの点を検証したもの。

イアン・スティーヴンソン『前世を記憶する子どもたち』日本教文社、１９９０
生得記憶研究の第一人者とされてきたのがイアン・スティーヴンソンであり、この本は、最初の本格的かつ記念碑的な業績である。非常に信憑性の高い事例が厳選されて紹介されると共に、生得記憶についてさまざまな可能性を考慮しながら、多角的な考察が行われている。その中で生得記憶が事実かどうかが検討されている。

ＪＬ・ホイットン他『輪廻転生』人文書院、１９８９
グレン・ウィリストン他『生きる意味の探求』徳間書店、１９９９
退行催眠中に語られる内容がそのまま事実として認められるわけではない。その内容が事実かどうかについては、厳密な検討を必要としている。この2冊はそのような内容を含んでいる。体験談の紹介も含む。

ブライアン・Ｌワイス『前世療法』PHP文庫、１９９６
ブライアン・Ｌワイス『前世療法２』PHP文庫、１９９７

ブライアン・L ワイス『魂の伴侶』PHP文庫、1999

退行催眠を行う医師であり研究者である著者が治療の中から学んだこと、また治療の中で出会った不思議な体験を中心に記したもの。これらは研究を紹介したものではないが、その体験自体が疑いを差しはさみにくいものとなっている。日本で退行催眠が知られるようになったのは、これらワイスの著書の影響が大きい。

◎再受肉

シュタイナー、森章吾訳『神智学』Kindle、2019

シュタイナー、松浦賢訳『テオゾフィー　神智学』柏書房、2000

シュタイナー、高橋巖訳『神智学』筑摩書房、2000

四大主著の中でもっとも基本的とされるのが、この『神智学（テオゾフィー）』であり、しばしば最初に読むべき本と言われる。シュタイナーの思想がよく整理された形でまとめられている。とはいえ、相対的に見ればやさしいといえるものの、シュタイナーの思想に慣れ親しんでから読んだ方がよい。再受肉とそれに関連する内容が中心になっていて、魂界・霊界の描写の後に、それぞれの世界でどのような体験をするかが記されている。右記の3冊は同じ原著の翻訳。

中村昇『ルドルフ・シュタイナー　思考の宇宙』河出書房新社、2022

この本の第6章は『神智学』をテーマにしており、『神智学』の解説として読むことができる。

シュタイナー、西川隆範訳『精神科学から見た死後の生』風濤社、２０００
死や生まれ変わり、生者との交流などに関連する講義を集めたもの。基本的には講義ごとに完結しているので、興味がある講義から読むことができる。

西平直「シュタイナーから見たライフサイクル」『魂のライフサイクル（増補新版）』東京大学出版会、２０１０所収
シュタイナーのライフサイクル論が、トランスパーソナル心理学（その後はインテグラル理論）で有名なケン・ウィルバーや、著名な心理学者であるユングのそれと比較する形で論じられている。

シュタイナー、西川隆範訳『いかにして前世を認識するか（カルマ論集成1）』イザラ書房、１９９３
シュタイナー、西川隆範訳『カルマの開示（カルマ論集成2）』イザラ書房、１９９３
シュタイナー、西川隆範訳『いかにして前世を認識するか（カルマ論集成1＋2）』イザラ書房、２００８
シュタイナー、新田義之訳『いかにカルマは作用するか』みくに出版、２００９
シュタイナー、西川隆範訳『カルマの形成（カルマ論集成3）』イザラ書房、２００９
シュタイナー、藤本佳志訳『カルマの現われ』本の研究社、２０１７
シュタイナー、高橋巖訳『カルマの開示』春秋社、２０１５
これらはいずれもカルマをテーマにした本の中で比較的読みやすいもの。
（なお3冊目の本は最初の2冊を合冊したもの。また『カルマの開示』（2冊）と『カルマの現われ』は同じ原著の翻訳）

ドレ・デヴェル『闇に光を見出して―わが子の自殺と癒しのプロセス』イザラ書房、2008

息子を自殺によって失った母親が、シュタイナーの思想を学ぶことを通して、死者である息子との交流を果たしたという事実に基く報告。

ヘルベルト・ヒルリングハウス編『天界からの音楽―天国の兄から地上の妹へのスピリチュアル・レターズ』イザラ書房、1996

戦死した兄から妹へ向けて送られた、霊界からのメッセージに関する報告。妹がこれらのメッセージをシュタイナーに見せると、シュタイナーはそのメッセージが真実であることを認めたという。

第4章　認識と自由

第1節　認識と芸術

霊能者

1　霊能者シュタイナー

本節のテーマは認識論だが、本題に入る前にシュタイナーの認識能力について触れておきたい。

シュタイナーが驚くほど広範な分野で活動した人物であることはすでに述べた。なぜ、そのようなことが可能だったのか。すでにいくつかの理由を挙げているが、さらなる重要な理由は、彼がいわゆる霊能者だったということにある。

ある人物が霊能者かどうかを客観的に判断することは厳密には不可能だし、そもそも学問的には霊能者の定義も共有されていない。とはいえさまざまな状況証拠などから、彼が通常の方法は得られない知識や情報を得ていたことは、ほぼ間違いないと考えられている。その能力は並外れたもので、しばしば20世紀最大の霊能者などとも呼ばれている。

2　霊能者に対する態度（1）

シュタイナーについては肯定的評価と否定的評価があると述べたが、彼が霊能者だったということが、否定的評価の重要な根拠とされていることは間違いないと見られる。たしかに霊能者の評判は一般によくない。「普通ではない人」、つまりは「おかしな人」と見られることの方が多い。

その一方で、「霊能者が言うのだから正しいはずだ」と考える人もいる。「普通の人ならわからないことでも、霊能者にはわかるのだから」というのがその根拠とされる。

冷静に考えれば明らかな通り、どちらの態度も正しいものではない。「霊能者だから、彼の発言内容は信頼できない」も、「霊能者だから、彼の発言内容は信頼できる」も、どちらも先入観に基づく発言でしかない。

人々に求められるのは、先入観なしに、その発言内容が正しいかどうかを検証する態度である。肯定的なものであれ否定的なものであれ、「霊能者だから」という態度は正しいものとは言えない。

3 霊能者に対する態度（2）

そう言われても、すぐには切り替えられない人が多いと思われるので、もう少し説明を続けよう。

まったく仮の話だが、アインシュタインが殺人鬼だったとしよう。その場合、「殺人鬼が発見したのだから、相対性理論は間違っている」と考えた人がいるとする。この態度は、誰もがおかしいと気づくに違いない。相対性理論が正しいかどうかは、その発見者の属性とは何の関わりもない。相対性理論の正しさは発見者ではなく、相対性理論そのものについて検証されるべきである。反対に「あの立派な人が発見したのだから、この法則は正しいに違いない」という態度も、もちろん間違いである。

細部においては違いもあるが、大筋では霊能者の場合も同じだといってよい。霊能者が語ったものだとしても、それは語った内容そのものについて検証されるべきである。それが正しいとわかれば正しいのであって、語った人が霊能者であるかどうかは、その正しさと直接には無関係である。

4 オカルティスト

シュタイナーの語ることはオカルトであり、シュタイナーはオカルティストだと言われることがある。

「オカルト」とは、原語の意味としては「隠されたもの」のことである。隠されたもの、これまで隠されてきたものと関わったという意味では、シュタイナーをオカルティストと呼ぶことは可能である。

しかし彼は、一般のオカルティストと呼ばれる人たちが隠してきた事柄、グループ内でのみ伝承してきた事柄、少なくとも公開しようとはしてこなかった事柄を積極的に公開しようとした人物である。

シュタイナーが何よりも重視したのは自ら認識すること、そして自分で考えることだった。信じるのではなく自ら認識すること、そして自分で考えることこそが重要だと繰り返し語っている。そのような意味において、シュタイナーは一般のオカルティストたちとは姿勢をまったく異にする人物だったといってよい。

認識とは

1　一元論

認識に関して、シュタイナーは一元論の立場に立つ。かならずしも視点が同一ではない、さまざまなテーマについて一元論・二元論・多元論といった表現が用いられることがあるが、本書で取り上げる限りでは、シュタイナーの立場は何であれ一元論だと思っていれば間違いはない。

以前にも説明した通り、シュタイナーやゲーテはつながりを重視し、全体から考える。あらゆるものが関連し合っていて、絶対的に区別されるものはないという立場をとる。そしてそのような立場から、プラトン的二元論、カント的二元論を批判をしている。とはいえ説明をするためにはどうしても区切る必要がある。そのため、たとえば感覚界と超感覚界といった二元論の立場に立つように見えることがあるが、そのような場合でも、シュタイナーの究極的な立場はやはり一元論である。

2　精神と物質の連続性

デカルトは精神と物質を明確に区別した。デカルトを持ち出さなくても、精神と物質が大きく異なることは明らかであり、二元論的に捉えられることが圧倒的に多い。世界を精神界と物質界として捉えるのは典型的な二元論・二世界論であり、これはおおよそ超感覚界と感覚界に対応する。

しかしシュタイナーは精神と物質を連続的に捉える。もちろん精神と物質の性質は大きく異なるし、そのことはシュタイナーも十分に認めている。とはいえ究極的には、両者は絶対的に区別されるものではないとする。

たとえていえば物質は水、精神は水蒸気といった感じである。水は感覚で捉えられるが、水蒸気は捉えられない。両者は性質や重さなど何から何まで異なるが、それでも両者は連続していて、けっして切り離せない。精神と物質はそのような関係にある。もちろん根源は精神であり、いわば精神が濃縮したものが物質だといえる。

3 質料と形相

古代ギリシャの哲学者であるプラトンは二元論の代表者、その弟子のアリストテレスは一元論の代表者と見なされている。

プラトンはイデアというものを考える。たとえば人間のイデアというものがあり、各自がこれを分有することで初めて人間であることができる。したがって人間の本質とは人間のイデアに他ならない。ある存在を人間をにしたり、その姿を人間にしたりしているのは人間のイデアである。牛やヒマワリについても同様であり、牛のイデアを分有するものが牛、ヒマワリのイデアを分有するものがヒマワリになる。

このようなイデアは目に見えない存在で、この世界とは別のイデア界に存在するとされる。このように別世界の存在を認めるプラトンは二元論、二世界論の立場に立つ。

アリストテレスはイデアに代わって形相という言葉を用いることが多いが、そのような形相は別世界にあるのではなく、質料と一体化して物質世界に存在すると主張する。このようなアリストテレスは一元論、一世界論の立場に立つ。

4 理念とＤＮＡ

シュタイナーやゲーテの考え方はアリストテレスのものと類似している。シュタイナーの著書や講義では、形相に相当するものが理念と呼ばれることが多い。人間の理念があれば人間になり、牛の理念があれば牛になる。

とはいえほとんどの現代人は、それを人間や牛にしているのは理念ではなくＤＮＡだと考えるだろう。シュタイナーはＤＮＡが発見される以前の人物だが、シュタイナー的に考えるなら、この点は次のように説明できる。

自動車の製造にたとえるなら、ＤＮＡは設計図にあたる。設計図に基づいて自動車が作られるから、設計図が根源だと言えないことはないし、そのような表現は間違いではない。しかし設計図は無からいきなり生まれたわけではない。設計図を生み出すまでに膨大な作業、主に精神的な作業があったはずである。

つまり設計図には、さらなる根源がある。このような意味で、ＤＮＡはとりあえずの根源とはいえるものの、究極の根源ではない。

5　一般的な理解――知覚と思考（1）

さてここで認識とはどのようなものかを考えてみよう。我々は外界の情報をどのように獲得しているのだろう。

一般に、認識の主役は知覚だと考えられている。（知覚は感覚とも呼ばれる。ここでは両者を区別しない。）外界からの情報を伝えるのは知覚である。知覚を失ったとすれば、我々は外界の情報を得ることができなくなる。実際には自分の内部の情報も内的な知覚によって得ているから、知覚の果たす役割は一般に想像される以上に大きい。

認識の際には思考も働いている。しかし思考がやっているのは、知覚から得られた情報を分類したり、名前をつけたりといったことだと考えられている。だとすれば、その役割は知覚と比べればわずかである。それどころか、思考が働かなくても、知覚さえ働けば最低限の認識は成り立つようにも思われる。

6　一般的な理解――知覚と思考（2）

これだけでも、認識の主役は知覚であって、思考は脇役だとする理解が成り立つのだが、思考を脇役に追いやる重要な理由がもう一つある。それは思考が主観的だという点である。考えは一人ひとり異なる。それは思考が一人ひとり異なること、思考が主観的であることを示している。これに対し知覚は客観的である。多くの人が、スクリーンに映った同じ文字や同じ写真を見ることができる。

学問は客観的であることが理想である。一般に文系の学問では、なかなか理想通りにはいかないが、それでも「より客観的」であることが望ましいことは間違いない。そのため一般に学問においては、できるだけ思考を加えないことが望ましいとされる。知覚だけにとどめ、思考を加えないことがもっとも望ましく、思考を加えざるを得ない場合でも、それを最小限にとどめることが望ましいとされる。

しかしシュタイナーは、このような考えを正面から批判している。

7 思考の働き（1）

目の前に花があるとする。誰もが、花が見えるのは知覚が働いているからだと思う。たしかに知覚は働いているのだが、実際には知覚だけで花を見ることはできない。

シュタイナーは、知覚だけが働いている状態を純粋経験と呼ぶ。ただし、我々が知覚を意識した時にはすでに思考が働いてしまっているので、純粋経験を意識的に経験することはできない。純粋経験がどんな状態かは推測する以外にない。

視覚（目）における純粋経験とは、何の区切りもない、何のまとまりもない、さまざまな色の「られつ」だと推測される。なぜなら区切ったり、まとめたりしているのは思考だからである。目そのものは、花と背後の壁を区別することができない。もちろん色の違いはあるが、色の違いで区別すれば花びらと茎は別の存在になってしまうだろう。「どこまでが花なのか」がわかるのは、思考が働いているからなのである。

思考が働いて、すなわち「花」などの概念を適用することでによって初めて花だとわかる。また花びらと茎がひとまとまりで、壁とは区別されるということがわかる。

8 思考の働き（2）

知覚だけが働いている、すなわち純粋経験の状態でも、間違いなく見えてはいる。見えてはいるものの、それは何の区切りもない、何のまとまりもない状態である。したがって、「何を見ている」と意識することもできないし、ましてや言い表すことなどできない。とにかく見えてはいるが、何が何だかわからない状態である。これは視覚（目）の場合だが、聴覚（音）などの別の知覚についても同様のことがいえる。

我々は知覚が働けば、きちんと区切られた世界が見えると思っている。しかし区切り、整理しているのは思考である。要するに、「知覚だけ」が働いていると思っている状態でも、すでに「知覚＋思考」が働いているということになる。

花を見る場合、知覚は花の外観（色）を捉える。このような花の外観を知覚対象と呼ぼう。ただし、これだけでは認識は成り立たない。思考が「花」という概念を捉え、その上で両者が統一された時に、初めて認識は成り立つ。つまり認識とは、知覚対象＋概念である。このうち知覚対象は知覚によって、概念は思考によってもたらされる。

ここでは単純に、人間も世界も精神と物質からなると考えて、両者の中間的なものは考えないでおく。そしてシュタイナーによれば、人間においても世界においても、精神と物質は別々ではなく一体化している。この一体化している世界の物質的側面を捉えるのが知覚であり、精神的側面を捉えるのが思考である。この両者を統一することで認識が成り立つ。

精神と物質が一体化しているならば、そのまま取り込めれば手間が省けそうなものだが、人間の構造上、精神と物質を一緒に取り込むことができない。物質的側面を知覚で、精神的側面を思考で、分割して取り込む以外にない。こうして取り込んだものを統一して、ふたたび元の姿、世界に存在していた姿に戻すのが認識である。したがって、知覚だけでは認識はけっして成り立たない。

また思考の中心的な働きは主観的なものではない。世界の精神的側面をそのまま取り込むのが思考の働きだからである。これについてはさらに説明を加えるが、そのために必要な用語について先に確認しておこう。

10 表象・概念・理念

目の前に花があるとする。この花を知覚する場合、花は知覚対象である。この花は目をつぶれば見えなくなる。しかし花のイメージは取り込まれていて、こちらは目をつぶっても消えない。このような「この花」の具体的で個別のイメージが表象である。これに対し、あらゆる花に適用される「花」は概念と呼ばれる。個別的なものが表象、普遍的なもの（一般的な「花」）が概念である。通常、概念は表象を集めて作られたものだと考えられている。しかしシュタイナーはむしろ、概念が特殊化したものが表象だと考える。

シュタイナーは、内容がより豊富な概念のことを理念と呼ぶ。概念と理念の間には本質的な違いがなく、適切な表現ではないものの、いわば量的な違いがあるだけである。理念／概念は他の理念／概念と互いに結びついている。それぞれが膨大な数の理念／概念と結びついている。そこには強い結びつきもあれば、弱い結びつきもあるが、最終的にはすべてが結びついて一つの理念界を形成している。

11　概念はどこに（1）

我々は円を見た時、瞬時に「円だ」と気づく。この「円」は概念である。この時の「円だ」という一瞬のひらめきは自分の頭の中で起こったことで、自分の頭の中で完結した出来事だと誰もが思っている。また、この「円」という概念も自分の頭が作り出したもので、どこかから受け取ったものではないと誰もが思っている。

しかし、円の概念が各々の頭の中にあるとすれば、円の概念は円を知っている人の数だけあることになる。のみならず、各々がもっている円の概念は各々の経験に基づいて作られるから、少しずつだが異なっているはずである。

すべての人が完全に同じ概念を共有するからこそ幾何学が成り立つ。幾何学が成り立つためには、円の概念は一つであり、誰にとっても同一でなければならない。円の概念は外界に一つだけ存在しているとしない限り、矛盾が生じてしまう。ただしここでいう外界とは、自分だけの世界の外側という意味であって、目には見えない精神界、理念界、超感覚界を含んでいる。

12　概念はどこに（2）

我々は目で見た色が外界から入ってきたものだと信じて疑わない。耳で聞いた音も外界から入ってきたものだと信じて疑わない。ではなぜ頭に浮かんだ概念だけは、外界から入ってきたものだと考えないのか。シュタイナーはこのように問いかける。シュタイナーによれば、概念も外界から入ってきたものであって自分の頭が作り出したものではない。

しかし我々は、概念は外界から入って来たものではなく、自分の頭の内部に浮かんでくるもののように感じている。このことを比喩を用いて説明しよう。

我々の頭の中には、いわば舞台がある。その舞台に、外部から「概念」という劇団がやって来る。我々は舞台を提供しているから、概念は我々の内部の舞台に現れる。しかし概念そのものは外部から来ている。そして舞台が異なると、同じ演目でも演じ方に多少の違いが出る。そこにこだわると、一人ひとりの概念が違うように感じられる。そのような「色づけ」はあるものの、基本的に概念は同一なのである。

13 理解の仕組み（1）

我々は概念どうしを結びつけるなど、さまざまな操作することによって、さまざまな事柄を理解している。その際の理解の仕組みについて考えてみよう。

人の話を聞いたり、文章を読んだりして何かを理解する機会は多いが、どうしてそのような理解ができるのだろう。声を聞いただけ、文字を見ただけで、どうして理解ができるのだろう。

奇妙な問いかけだと思う人が多いかもしれない。しかし、よく考えてみてほしい。声そのものの中に意味があるわけではない。もしも声の中に意味がある（声が意味を含む）なら、まったく知らない言語を聞いた時でも、声が聞こえさえすれば意味が理解できるはずである。

文字の場合もまったく同様である。文字そのものの中に意味があるわけではない。もしも文字の中に意味がある（文字が意味を含む）なら、まったく知らない文字を見た時でも、見えさえすれば意味が理解できるはずである。

14 理解の仕組み（2）

この問いは「意味（概念）はどこにあるのだろう」と言い換えてもよい。最初の段階で、自分の中には意味がない。意味があるのは外界である。相手の考えを理解する場合、相手がその意味を一時「保管」していると見ることもできるだろう。とはいえその場合であっても、本来、意味が存在するのは外界だと考えられる。

意味とは概念であって外界に存在している。我々は話を聞いたり文章を読んだりする際に、声や文字を手がかりに外界にアクセスして意味を受け取っている。そして誰もが同じようにアクセスできれば、誰もが同一の理解に到達することができる。したがって言語の学習とは、アクセスのための訓練だと考えることもできる。

前述した概念上の円は「完全な円」と言い換えることができる。しかし我々は、そのような完全な円など見たことがない。したがって我々は概念としての完全な円を、感覚界での経験から作り上げたわけではない。円の概念は外界としての超感覚界に一つだけ存在している。

15　主観と客観

もう一つ、思考に関するきわめて重大な事実を指摘できる。それは「これは主観」「これは客観」と設定しているのが思考だという点である。

思考が働く前の状態、すなわち純粋経験の状態を想像してほしい。視覚の場合は単なる色の「られつ」でしかない。「これが主観」「これが客観」といった区別自体が存在しない。それどころか「自分が何かを見ている」といった意識すらない。つまり主観・客観とは、そもそも思考が設定したものに他ならない。その意味で思考とは主観ではなく、主観と客観の根底にあるものだといってよい。思考そのものは主観でも客観でもない。ただし通常は、思考によって「思考は主観」という設定がなされる。

厳密にいえば、概念にはわずかながら主観が入り込んでいる。しかしそれを言うなら、知覚にも主観は入り込んでいる。テーブルを囲んで一本の花を見る場合、テーブルの右と左の人が見る花は、厳密には異なる。しかし通常、それは同じ花と見なされる。概念についても同様に考える必要がある。

16　思考は信頼できない？

思考など信頼できないと主張する人々が、古代から現在に至るまでずっと存在する。そのような人々は、しばしば懐疑論者と呼ばれる。

たしかに我々は、間違って考えてしまうことがある。そのため、「思考など信頼できない」と言われると、たしかにその通りだと思えてしまう。しかし「間違えることがある」ということと、「基本的に思考は信頼できない→つねに間違える」ということの間には大きな違いがある。それは「自動車は事故を起こすことがある」ということと、「基本的に自動車は信頼できない→つねに事故を起こす」ということの間に大きな違いがあるのと同じである。

仮に思考が信頼できないとしてみよう。その場合、「思考が信頼できない」という考えを導いたのも思考である。したがって、思考が導いた「思考が信頼できない」という考え自体が信頼できないということになる。思考が信頼できないなら、思考が信頼できないと言うことすらできなくなるはずである。

1 カント学説とカント流学説

『自由の哲学』は、シュタイナーの哲学方面の主著だと考えられている。この本の前半すなわち第1部では、当時の主流学説だったカント流の認識論が批判されている。シュタイナーが『自由の哲学』などで徹底して批判したにもかかわらず、カント流学説の支持者は現在でも非常に多く、シュタイナーの学説の支持者は少ない。

以下ではこの認識の問題を取り上げる。カント学説は非常に精緻であり、また複雑なことで有名だが、ここではもっとも重要なポイントだけに絞って解説する。

このカント学説を修正したり補強したりしたものが、ここでいうカント「流」学説であり、根本的な部分は同一である。厳密にいえばシュタイナーが批判したのは主にカント流学説であって、カント学説そのものではない。とはいえ専門家でない限り、両者を厳密に区別する必要はないだろう。

2 カント流学説の概要

カント流学説では「認識には限界がある」という主張がなされている。そう聞いただけでは、特に違和感はないはずである。たしかに小さくて見えないものもあれば、障害物があって見えないもの、遠くにあって見えないものもある。しかし、ここで主張されているのはそのようなことではない。

目の前に花があるとする。我々はその花を見ていると思っている。花を見ているから花があるとわかるのであって、花が見えなければ花があるということもわからないはずである。しかしカント流学説では、「我々にはその花が見えていない」と主張する。要するに、見えていると思っている花は、実は見えていないのだというのがカント流学説なのである。

別の言い方をするなら、「実際に存在している花」と「我々が見ている花」は別のものだ、一致しないというのがカント流学説なのである。このような説明を聞けば、これは誰にとっても非常に奇妙な主張だと感じられるはずである。

3　正しい認識とは（1）

このような奇妙な学説が生まれた背景には、「正しい認識とは何か」という根本的かつ重要な問題がある。「自分が認識したものが存在するものと一致する場合、それは正しい認識である」と言われれば、多くの人は納得すると思われる。

表現が抽象的なので具体的な例を挙げよう。リンゴが存在し、我々がそれを見たとする。するとリンゴに関する情報(外的な姿) が我々に取り込まれる。この取り込まれた情報としてのリンゴと、実際に存在するリンゴが一致すれば、それは正しい認識だとされる。このような説明に、多くの人は納得するだろう。

さて問題はここからである。これが正しい認識であることを確認するためには、我々は認識したリンゴと存在するリンゴを比較する必要がある。先にカント流学説の結論を述べてしまえば、認識したリンゴと存在するリンゴを比較することは不可能であり、両者の一致は確認できないということになる。

4　正しい認識とは（2）

こんな簡単な比較がどうしてできないのかと、不思議に思う人が多いだろうが、よく考えてもらいたい。

認識したリンゴと存在するリンゴを比較するということは、厳密にいうなら、認識したリンゴと、「認識される前の存在するリンゴ」を比較することを意味する。なぜなら認識されてしまえば、それはすでに認識されたリンゴである。認識されたリンゴと認識されたリンゴを比較すれば一致するのは当然だし、そもそもそのようなことをすること自体が無意味である。

比較が必要なのは「認識される前の存在するリンゴ」である。しかし、「認識される前」のリンゴをどうすれば比較できるのだろう。認識される前なのだから、その情報は我々には届いていない。我々にはそれをどうすることもできない。そのようなリンゴを、認識したリンゴを比較することなど不可能である。したがって両者の一致は確認できないという結論になる。

5 認識と存在の関係（1）

カント流学説は、以上のような考えを前提にしている。つまり認識されたリンゴと存在するリンゴが確実に同一だといえない以上、別のものだと考える以外にない。もちろん確実に別だということもできないのだが、少なくとも「同一とはいえない」ということは確実とされる。

ここから二元論・二世界論が導かれる。一つは本当に存在する世界であり、客観的な世界である。カントは本当に存在しているのに認識できないものを物自体と名づけたので、物自体界とも呼ばれる。もう一つは我々が認識している世界である。これは存在との一致が確認できない以上、主観的な世界とみなさざるを得ない。

我々が認識しているのは主観的な世界であって、我々が見ているものが、そのまま客観的な世界にあるとは言えない。我々の認識はどうがんばっても、この主観的な世界を超えて行くことができない。つまり主観的世界の境界が、そのまま認識の限界ということになる。したがって認識には限界が存在するという結論になる。

6 認識と存在の関係（2）

哲学の世界ではこのような学説が当時の主流であったどころか、現在でも主流であり続けている。しかし、これはあまりに奇妙な学説であり、哲学の世界でこのような学説が主流になっていることの方がよっぽど奇妙ともいえる。このような学説が唱えられているとなれば、哲学が一般の人々から敬遠されるのも当然だと思えてくる。

目の前にご飯が見えても、そのご飯が存在するとはいえないのだという。しかし、我々は実際にそのご飯を食べられるし、それによって生きている。目の前に友人が見えても、その友人が存在するとはいえないのだという。しかし、我々は実際にその友人と会話もできるし、握手もできる。見えるとおりに存在すると考えて、何の問題も生じない。しかしそのような理解は間違っているというのがカント流学説である。

これに対してシュタイナーは、基本的には見える通りに存在するという立場をとる。そのこと自体に説明の必要はないだろう。とはいえ、カント流学説のどこが間違っているのか、どこで間違ってしまったのかについては説明が必要である。

7 一元論と二元論（1）

シュタイナーは、あらゆるものは関連し、つながっていると考える。完全に切り離されているものはない。要するに一元論・一世界論である。すべては同一の世界であり、互いに関連し、影響を与えあっている。そのような関係の中の一つが認識である。したがって認識が成り立つのは当然であって、特に理由はいらない。

これに対しカント流学説では、主観の世界と客観の世界を完全に切り離す。いわば、主観と客観の間に乗り越えられない壁を想定する。こうすることで、二元論・二世界論の立場に立つ。

しかし二元論・二世界論で語られる二つの世界というものは、厳密に考えるなら、互いに何の関係もない、何の影響関係もない世界のはずである。互いに関係があり影響を与えあっているなら、それは一つの世界ということになってしまう。

仮に世界が二つあるとすれば、その間に認識が成り立たないのは当然である。なぜなら、最初からそのような世界として設定されているのだから。

8 一元論と二元論（2）

もう一つの世界とされる客観的な世界、物自体の世界とは、いったい何なのだろう。そのような世界を、我々は認識することができないとされている。したがって、それは存在するかどうかもわからない、何一つ確認できない世界ということになる。存在するかどうかもわからない世界を確実に存在するものと想定し、しかしそれが認識できないと主張しているのがカント流学説なのである。すでにお気づきのように、存在するかどうかもわからない世界を確実に存在すると主張している時点で、すでにそれは学問的ではない。

多くの哲学者は、このような二元論の立場に立ちながら、認識がどのように成り立つかを研究してきた。しかし上述の通り、二つの世界の間では認識は成り立つはずがない。認識が成り立たない二つの世界を想定しながら、その間でどうすれば認識が成り立つかを研究するということは、シュタイナーに言わせればムダな努力としか言いようがない。それは、そもそもの前提が間違っているのである。

9 神経の信号説（1）

現在でも物自体、本当の存在は認識できないというカントの考えを、自然科学的に説明したかのような学説が幅を利かせている。具体的内容はさまざまだが、典型的には次のような感じになる。

我々の認識は、神経が伝える信号によってもたらされる。特定の信号が来ると「赤」と感じ、別の信号が来ると「青」と感じる。ただし、その信号をもたらしたものが本当に赤や青だったのかどうかまではわからない。

これに加え、「赤を認識させる信号を人工的に作り出すことができれば、目の間に赤が存在しなくても、赤を認識させることができる」とまで言われると、多くの人は「なるほど、そうかもしれない」と思ってしまう。

もしもこの説が正しいとすれば、我々は物自体、本当の存在を認識できないことになるだろう。認識のプロセスを逆にたどった際、神経の信号までは確実だとしても、その先に何があるかはまったくわからないということになる。

10 神経の信号説（2）

このような説は現在でもしばしば耳にする。それほどまでに有力な説だといえるのだが、シュタイナーはこの説を否定している。彼の主張する内容は、おおよそ次の通りである。

この説では神経や神経の信号が確実に存在することを前提にしている。また「赤」や「青」を認識する脳も確実に存在するとみなされている。その上で神経の信号の先に何があるかはわからないと主張する。

しかし確実に存在するとされている神経や神経の信号も、この説に従えば神経の信号によって認識されたものでしかない。したがって神経や神経の信号も我々の主観でしかなく、確実に存在するとは言えないはずである。

この説では、「〈すべて〉は神経の信号だから確実に存在するとは言えない」と言いながら、「神経」や「神経の信号」だけは〈例外的に〉確実に存在することにされている。この主張そのものが矛盾していて、自らの主張によって否定されてしまう。

11　目は刺激を光に変える？

さて次の学説はこれとは別のものだが、やはり物自体、本当の存在は認識できないというカントの考えを、自然科学的に説明したかのような内容になっている。

目は、あらゆる刺激を光に変える。耳は、あらゆる刺激を音に変える（他の知覚についても同様）。したがって光・音として受容したものも、本当は客観的存在としては、光・音であるとはいえない。

これもその通りだと考える人は多いだろう。しかし、我々は知覚の外には出られないはずである。目に届いた刺激が、目に受容される前に何であったのかはわからない。光以外の刺激が光に変えられているのか、光以外の刺激を排除して光だけを受容しているのかといったことはわからない。したがって上記の学説を正しいと認めることはできない。

この立場に立とうとしても、確実なのは、目は光を受容し、耳は音を受容しているということだけであり、その外側のことについては何も言えないはずである。

12　認識の限界について

カント流学説では認識の限界を主張する。これに対してシュタイナーは、認識の限界という考えを否定する。しかし言うまでもないことだが、シュタイナーは「何でも認識できる」と主張しているわけではない。人間には認識できないものがたくさんある。ここで問題になっているのは、あくまでも原理的な意味での認識の限界である。どれほど条件が整っても絶対に認識できないものがあるかどうかである。

通常、隣の部屋のことは認識できない。しかし、たとえば壁に穴をけれれば認識は可能になる。通常、外国のことは認識できないが、たとえばカメラなどを持ち込めば認識は可能になる。このように、条件さえ整えれば認識の範囲は大きく広がる。ただしここで問題になっているのは、このようなことではない。

カント流学説では、客観的な世界のことはどれほど条件が整っても、原理的に、絶対に認識できないと考える。シュタイナーが批判しているのはその点である。何でも認識できるという意味ではまったくない。

芸術と学問

1 芸術と学問のイメージ

美学や芸術学は、学問の一分野として認められている。とはいえ、「芸術は学問と密接な関係がある」と言われて納得する人はほとんどいないはずである。

一般的な理解では、芸術とは芸術家個人の中に生まれた何らかの考え、アイディアがもとになっている。とりあえず「考え、アイディア」としたが、実際には想像力、インスピレーションなど、さまざまに表現される。表現の仕方はさまざまだが、いずれにせよ、それらは一般に主観的なものとみなされている。

これに対して学問は客観的とされる。すべての学問が十分に客観的とは言い切れないものの、少なくとも客観的であることを目指すのが学問であることは間違いない。

このように考える限り、芸術と学問は何の共通性もないと言ってもよいほど、かけ離れたもののように思える。

2 根本は理念（1）

ところがシュタイナーは、このような一般的なイメージに反することを述べている。芸術と学問はその根本が同一であり、両者は非常に近いものだという。

ゲーテの例がわかりやすい。ゲーテは詩人として高い評価を受けていた人物であり、一流の芸術家であった。と同時に自然学者、今でいう自然科学者だった。これについては、たまたま彼には芸術と学問という二つの才能があったと解釈することも可能ではある。しかしゲーテの中では芸術と学問が深いところで結びついており、芸術が学問を刺激し、また学問が芸術を刺激するような関係にあった。これは両者の根本が同一だからこそ可能だったことである。

では両者に共通する根本とは何だろうか。それは理念である。理念がわかりにくければ、とりあえずは精神でもよい。ただしここでいう精神とは、世界における客観的な存在である。そのような理念をそのまま言葉で表現すれば学問になる。芸術の分野によって異なる上に例外もあるが、基本的にはこれを物や形として表現すれば芸術になる。

3　根本は理念（2）

学問の代表として物理学を取り上げてみよう。物理学における自然法則とは理念を表現したものである。物理学は物質を扱う学問だが、法則そのものは物質ではない。とはいえその法則は世界に客観的に存在している。理念をありのままに受け取り、ありのままに表現しようとするのが学問である。

これに対し、芸術の源泉は個人的で主観的なものだとするイメージが強い。しかし、そのイメージは間違っている。偉大な、誰もが素晴らしいと感じる芸術作品がある。もしも芸術の源泉が個人的で主観的なものだとすれば、偉大な芸術も、たまたま多くの人が共感したに過ぎないことになるだろう。だとすればその評価は偶然でしかなく、時代を超えて評価されるなどということは起こらないに違いない。

芸術の源泉は理念である。それをどのように受け取り、どのように表現するかはそれぞれの芸術家の技量による。したがって、十分にはうまくいかない場合も考えられる。とはいえ、それによって芸術の源泉が理念であることが否定されるわけではない。

4　芸術と学問の関係

上記のような考え方によれば、芸術と学問の違いとは、表現の仕方の違いでしかない。いずれも高度な精神的な営みであって、相互に刺激を与えあったり補いあったりすることが可能である。

とはいえ、表現の仕方の違いでしかないと述べたものの、その違いこそが重大だという言い方もできる。たとえば芸術を学問的に表現したとすれば、それは芸術とは呼べないものになってしまう。

現在では、あらゆるものを知的に理解しようとする傾向が強まっている。そのためか、すぐには理解できそうにない芸術作品に出合うと、多くの人が解説を求める。そこでの解説は、どうしても学問的な、知的な解説になりがちである。しかしそのようにしてなされた理解は、芸術としての理解とはかけ離れたものになってしまう。

シュタイナーは芸術を解説しようとすること自体が間違った態度だとしている。芸術は、あくまでも芸術として理解される必要がある。

第2節　自由と倫理

1　カント以前

自由が本格的な哲学のテーマになったのは近代以降だが、すでにシュタイナー以前に、そしてシュタイナー以後も、自由に関するさまざまな見解が示されていた。そして自由とは何なのか、人間は自由なのか、などの諸問題が盛んに議論されていた。

カントの倫理学はシュタイナーによって批判されてはいるものの、当時としては非常に斬新な学説だった。現在でもカントは、近代社会にふさわしい倫理を築き上げた人物だと評価されている。カントは「善悪は自分で判断できる」という画期的な主張をしている。そして、自分で判断し行為できるのだから人間は自由だという立場をとる。

カント以前の時代、善悪を各人が自分で判断するといった発想は、まったくなかったわけではないが、基本的には存在しなかったといってよい。善悪を判断できるのは神、教会、領主など、「偉い」存在に限られており、庶民には無縁だった。

2　カント

上に述べた通り、カントは「善悪は自分で判断できる」としたた。とはいえ各人がまったく独自に判断できるというわけではない。判断するための基準が存在しており、それに基づいて判断すべきだというのが、カントの主張である。その判断の基準とは次のようなものである。

君は、君の行為の立法／格率が、同時に誰にでも普遍的に妥当するという基準にかなうように行為せよ。

ここでいう立法／格率とは、内的な意味での行為のルール・基準と考えてよい。このような基準に基づいて、つまり「誰にでも普遍的に妥当するかどうか」という基準に基づいていれば、一人ひとりが判断できるというのがカントの主張である。

善悪を一人ひとりが判断できるという主張は、権力者が発した法令や、中世から続く時代遅れの慣習など、さまざまなものに従うことを強いられていた人々、そのようなあり方に疑問を感じていた人々などから絶大な支持を受けることになる。

3 カントを超えて

このようなカント学説、あるいはそれに基づくカント流の学説は、シュタイナーの時代においても主流であり、これを支持する人々が圧倒的に多かった。しかしシュタイナーは、このカントの主張を批判する。批判どころではない。このようなものはそもそも自由ではないし、自由とは呼べないとしている。

上述の通り、カントのいう自由とは、判断の基準（立法／格率）に基づいて判断し行為する自由である。自由であるためには判断の基準（立法／格率）に従うことが要求される形になっていて、それを拒否することは絶対にできない。これでは自由とはいえないというのがシュタイナーの主張である。

シュタイナーの考えは徹底しており、ある意味、単純明快である。何らかの形で束縛されている限り、それが何であろうと自由とは呼べない。シュタイナーは、カントのいう判断の基準（立法／格率）などまったくない状態で、自分で判断し行為するのが本当の自由だと考えている。

4 『自由の哲学』の構成

カントには三批判書と呼ばれる著書がある。『純粋理性批判』『実践理性批判』『判断力批判』の三書である。このうち『純粋理性批判』では認識論が、『実践理性批判』では実践論が論じられている。そして、ここが重要な点だが、カントは認識論と実践論をまったく別の問題として扱っており、両者を関連づけることがなかった。『判断力批判』では微妙な態度を取っているものの、やはり積極的に関連づけてはいない。当時の哲学の世界ではこのカントの姿勢・態度にならう形で、認識論と実践論はまったく別の問題として扱われていた。

前述の通り、シュタイナーの哲学方面の主著とされるのが『自由の哲学』である。シュタイナーはこの本の前半で認識論を論じ、その結論を踏まえて後半で実践論を論じている。認識論の基盤の上に実践論を打ち立てている。

つまり『自由の哲学』は、構成そのものが明確なカント批判であり、当時の哲学の常識に逆らうもの、いわば「けんかを売る」ものになっている。

5 自由とは

シュタイナーが考える自由は、とりあえずは驚くほど単純明快である。

シュタイナーは自由を定義してはいない。だが、彼が考える自由を短く表現するなら、「いかなるものにも束縛されていないこと」「100%自分自身で決定していること」などといった形で示すことができるだろう。

何かに束縛されていれば自由ではない。自分以外の決定に従っているとすれば、それは自由ではない。そのことは誰にでも理解できるし、誰もが賛同してくれるに違いない。つまりシュタイナーの考える自由とは、我々が素朴に考える自由とほぼ完全に一致する。とにかく何かに束縛されていたり、誰かから命令されたりしていれば、それは自由とはいえないということに他ならない。このような理解は多くの人のイメージと一致するはずである。

とはいえ、これが具体的にどのような状態かを考えると、話はそれほど単純ではないということに気づく。

6 わがまま・自分勝手との違い（1）

具体的に考えた時、おそらく最大の問題になるのが、わがままや自分勝手と自由との違いである。なぜなら、わがままや自分勝手も、「いかなるものにも束縛されていない」し、「100%自分自身で決定している」ように思われるからだ。だとすれば、自由はこれらと何が違うのだろうか。

ところで一人の人間の中にも高次のものから低次のものまで、さまざまなレベルの意識がある。一般には身体との結びつきが強いほど低次であり、精神性が高まるほど高次の意識だといえる。そして「本当の自分」とは、その中でももっとも高次の意識である。それ以外の意識は、いわば「本当の自分ではない自分」ということになる。

日頃は「本当の自分ではない自分」が主導権を握っている。言い換えれば、「本当の自分」を「本当の自分ではない自分」が束縛している。それが自分勝手、わがままと呼ばれる状態である。一方、このような束縛から解放された状態、「本当の自分」が主導権を握っている状態こそが自由である。

7　わがまま・自分勝手との違い（2）

たとえば「食べたいから食べる」「寝たいから寝る」、あるいは「殴りたいから殴る」といったものは、「いかなるものにも束縛されていない」「１００％自分自身で決定している」ように見えるし、自由のようにも見える。しかしシュタイナーに言わせれば、これは自分（自我）が「本当の自分ではない自分」によって、他者によって束縛されている状態でしかない。このような状態はまったく自由ではない。

シュタイナーは、人間の行為にも低次なものから高次なものまで、さまざまな段階があると考えている。そのような中で、このような行為は低次の行為だといってよい。これに対し自由な行為とは、同時にもっとも高次の行為に他ならない。ではもっとも高次の行為とはどのような行為なのだろう。それはひとことで言うなら理念に基づく行為である。

我々は日頃から理念を受取っている。しかし低次の欲望や欲求に意識が向いていると、そのような理念に基づいて行為することはできない。そのような低次の状態から脱した時に初めて、理念に基づく行為が可能になる。

8　理念

さて、ここでも疑問が生じる。理念に基づく行為とは、理念に束縛された行為ではないだろうか。たしかに理念が自我の外部の存在であれば、束縛といえる可能性がある。しかし理念は自我の外部の存在ではない。

たとえていえば自我は、いわば理念の海の中に浸っている。その自我は密閉されたゴムボールのようなものではなく、スポンジのようなイメージで捉えるとよい。ゴムボールにとっての海水は明らかに外部だが、スポンジにとっての海水は外部ではない。スポンジと同様、自我には日頃から理念が浸透している。自我にとっての理念は外部ではないし、そもそも強制的には働かないので、理念の関与は束縛ではない。

理念を一つの理念界としてではなく個別の理念として考えよう。その場合、無限ともいえる理念のすべてに基づいて行為することなど不可能である。当然、選択が必要になるわけだが、その際に、どの理念に基づいて行為するかを決めるのも自我である。このような意味でも理念の関与は束縛とはいえない。

理念を受け取ったからといって、ただちに行為できるわけではない。なぜなら理念とは普遍的なものであって、そのままでは一般論にしかならないからである。これに対して行為とは具体的なものであって、一般論では行為できない。

たとえば自分で「掃除をしよう」と決めたとしても、「どこ」を「いつ」、「何を使って」等々を決めなければ行為には移せない。仮に何も限定しないとすれば、あらゆる場所を、つねに掃除し続けることにもなりかねない。

自由な行為のためには、理念を受け取るだけではなく、受け取った理念を具体化することが必要である。シュタイナーは、それを具体化するための能力を道徳的ファンタジー、あるいは道徳的想像力と呼んでいる。

道徳的ファンタジーは、人間が自由に行為する際、本当の意味で道徳的に行為する際に不可欠な能力である。この能力が欠けている人、あるいは乏しい人は、自由な行為、本当の意味で道徳的な行為がとれない、あるいはとりにくい。

10 倫理的個人主義

以上に述べたような自由な行為についての考えを、シュタイナーは自ら倫理的個人主義と名づけている。「個人主義」という言葉のイメージが悪いせいか、「個体主義」と訳されることが多いが、素直な訳としては個人主義である。

自由な行為は、社会の常識や前例などには従わない。たまたま類似した行為になることはあり得るが、意識的に類似した行為を行うとすれば、それは自由な行為ではない。そのような意味では個人主義という表現が適切だろう。一人ひとりが、個人が、その状況にふさわしい行為を行うということである。ただし前述の通り、それはわがままや自分勝手ではない。それどころか、理念に基づいているという意味において、その行為は倫理的、道徳的である。

一般には、個人主義は倫理的ではないと考えられている。しかしシュタイナーは、徹底して個人主義でありながらも、倫理的である行為の存在を主張している。そのような行為こそが自由な行為なのである。

11　社会生活は成り立つのか（1）

シュタイナーの考える自由は、わがままや自分勝手とはまったく異なる。彼が自分で名付けた通り、それは「倫理的個人主義である。とはいえ、ここにも心配なことがある。それは倫理的ではあっても、やはり「個人主義」だという点である。仮に、皆が自由な行為をするようになったとすれば、それは皆が個人主義的に行為することを意味している。そのような場合、社会生活は成り立つのだろうか。

社会全体が一つのことをする、といったことはまずないだろうが、多くの人々が協力しないと成し遂げ得られないことなら、世の中にはたくさんある。その時に、一人ひとりが自由な行為をとったとすれば、つまりは個人主義的に行為したとすれば、互いに協力のしようがないようにも思える。極端な場合、世の中で人々が力を合わせる行為が一つもなくなってしまう可能性すらあるように思える。

しかしシュタイナーは、そのような心配はないと断言する。

12　社会生活は成り立つのか（2）

シュタイナーが、皆が自由に行動しながらも社会生活が成り立つと考えている最大の根拠は、その時のすべての行為が理念に基づいているということにある。理念はすべてが互いに結びついている。それを一つの理念界として捉えれば、自由に行為する人は全員が同じ理念界を共有していることになる。理念を個別のものと考えても同様のことがいえる。個々の理念は互いに調和しているから、それぞれの理念に基づく行為も調和するはずである。

一本の木にたとえて説明してみよう。この場合、理念界は根や幹であり、各人が受け取る個々の理念は枝である。一本の枝だけを見ている時は、他の枝は何の関連もないように思える。しかし根本は同じであって、その意味では枝と枝は互いに調和しているということができる。少なくとも、枝と枝が矛盾するといったことはあり得ない。

13 意志の自由（1）

理念を受け取り、それを状況にふさわしい形へと具体化することで、具体的な行為をすることができる。このような行為こそが「いかなるものにも束縛されない」「１００％自分自身で決定している」行為であり、自由な行為だといえる。ただし、これを厳密に考えようとすれば、さらに説明を付け加える必要が出てくる。

しようと思った行為が、さまざまな外的事情などによって実行できないことがある。誘拐された時に隣の人を助けようと思っても、自分自身がロープで縛られていれば助けることができない。この場合、この人は不自由なのだろうか。

ロープで縛られているという意味では、間違いなく身体的に不自由である。しかし理念に基づく行為をしようとしている限りは、このような場合であっても、ここまで述べてきたような意味では自由だということが可能になる。つまり自由かどうかは、実際にそれが行為に移せたかどうかとは関係がない。そのように「行為しようとしたこと」が自由なのであって、そのように「行為したこと」が自由なのではない。

14 意志の自由（2）

哲学の世界では、自由は一般に意志の問題として捉えられる。意志とは、わかりやすくいえば行為を起動する精神力であり、「〇〇をしよう」と思って行為に移すこと、行為を始めることである。通常は意志があれば行為を伴うはずだが、先に述べたような特殊な状況であれば、行為が伴わないこともある。

ここで間違えてはいけないのは、「〇〇しよう」と思っただけではダメだということである。それは意志ではなく思考である。それを行為に移そうとする、いわば身体に命令するところまでいかなければ、意志とはいえない。身体への命令は、日常的なレベルではそのほとんどが無意識的な命令だが、自由な行為であれば、その命令はかならず意識的である。

逆にいえば、行為に移そうとする、身体に命令するところまでいけば、実際に行為に移せなくても意志が働いたとみなされる。そして自由かどうかは、この意志のレベルで判断されるというのがシュタイナーの見解である。

15 完全な自由

たとえば外界から情報を受け取るとする。その際には、物質的側面を知覚が、精神的側面を思考が受け取る。思考が受け取っているのは理念／概念だが、我々はこれを勝手に変更することはできない。タンポポの理念はタンポポの理念であって、それを勝手にヒマワリに変更することはできない。また目の前にタンポポが見える時に、それをヒマワリだと思い込むこともできない。これは自分の思い通りにならないという意味においては束縛である。少なくとも自由とはいえない。

このように我々が外界と関わる場合、外界は多かれ少なかれ束縛として働く。外界と関わる限り、完全な自由は存在しない。また内界（自分自身の内側）であっても、前述の通り低次の意識から影響を受けている場合には、これらも「外部」であるから外界と同様に考える必要がある。

つまり本当の自由とは、理念の具体化のプロセス以外には存在しない。これこそが人間にとって可能な、唯一の完全な自由なのである。

16 人間は自然界に匹敵する

ゲーテは、あらゆる自然物は理念が具体化したものだと考えている。そしてこのような理念の具体化をメタモルフォーゼ（変態・変容）と呼んでいる。シュタイナーの自由論においても理念の具体化が必要とされていたが、これも同様にメタモルフォーゼと呼ぶことができる。

自然界では、自然が理念をメタモルフォーゼさせる。たとえば牛の理念から個々の牛が作られる。この時、メタモルフォーゼを統括しているのは自然であって、牛自身が統括しているわけではない。自然界でメタモルフォーゼを統括できるのは自然のみである。「自然」と呼ぶよりも「神」と呼んだ方が、人によってはしっくりくるかもしれない。

人間の中でも理念のメタモルフォーゼが行われるが、そこでは、人間自身がそれを統括している。人間は、自然以外で唯一、メタモルフォーゼを統括できる存在ということになる。シュタイナーによれば、このような点に関する限りにおいて、一人ひとりの人間は自然（神）に匹敵する存在だと言うことが可能である。

読書案内

◎認識

シュタイナー、森章吾訳『自由の哲学』イザラ書房、２０１７
シュタイナー、鈴木一博訳『自由を考える』榛書房、２０１６
シュタイナー、高橋巖訳『自由の哲学』筑摩書房、２００２
シュタイナー、本間英世訳『自由の哲学』人智学出版社、１９８１

シュタイナーの認識論が、もっともまとまった形で述べられているのは『自由の哲学』の第1部（前半）である。とはいえ、当時の哲学の世界の常識を前提に語られていることが多く、いきなり読むのはかなり難しいと思われる。（たとえばカント流学説が批判されているが、著名な学説であったため、読者がそれを知っていることが前提とされている。）『ゲーテ的世界観の認識論要綱』などを先に読んでおくことをお勧めしたい。右記の4冊は同じ原著の翻訳である。

シュタイナー、森章吾訳『ゲーテ的世界観の認識論要綱』イザラ書房、２０１６
シュタイナー、浅田豊訳『ゲーテ的世界観の認識論要綱』筑摩書房、１９９１

タイトルにある通りゲーテ的世界観について論じた本だが、大筋ではその延長上にシュタイナーの認識論があると考えて差し支えない。独立した本ではあるが、『自由の哲学』（特に第1部）への入門書・導入書として読むこ

ともできる。（ただし自由に直接言及する箇所は少ない。）この２冊は同じ原著の翻訳であり、いずれにも詳しい解説がついている

小泉進訳「「ゲーテ自然科学論集」解説３」、『人智学研究３』、１９８２所収

これはシュタイナーが編集した『ゲーテ自然科学論集』に付けられた解説の部分である。（他に「解説１」と「解説２」がある。）ここに収録されている解説の第９章がゲーテの認識論をテーマにしていて、上記と同様に『自由の哲学』第１部への入門、導入として読むことができる。

◎自由

シュタイナー、森章吾訳『自由の哲学』イザラ書房、２０１７

シュタイナー、鈴木一博訳『自由を考える』榛書房、２０１６

シュタイナー、高橋巖訳『自由の哲学』筑摩書房、２００２

シュタイナー、本間英世訳『自由の哲学』人智学出版社、１９８１

自由に関する代表作は、もちろん四大主著の一つ『自由の哲学』である。この第２部（後半）でシュタイナーの自由論がまとまった形で述べられている。とはいえ『ゲーテ的世界観の認識論要綱』や、『ゲーテの世界観』の関連する箇所などを先に読んでおくことをお勧めしたい。右記の４冊は同じ原著の翻訳である。

シュタイナー、森章吾訳『ゲーテの世界観』イザラ書房、2023
シュタイナー、溝井高志訳『ゲーテの世界観』晃洋書房、1995
タイトルの通りゲーテの世界観について論じた本だが、大筋ではこの延長上にシュタイナーの世界観があると考えて差し支えない。この本の前半（第1部）、特に第6章は、『自由の哲学』第2部への入門・導入として読むこともできる。この2冊は同じ原著の翻訳である。

中村昇『ルドルフ・シュタイナー　思考の宇宙』河出書房新社、2022
この本の第4章は『自由の哲学』をテーマにしており、『自由の哲学』の解説として読むことができる。

西村拓生『「美と教育」という謎』東京大学出版会、2021
シラーの『美的書簡』を題材にした本だが、第6章ではシュタイナーによる解釈が検討されている。その中に『自由の哲学』の要約といえる文章が含まれている。

学びのヒント

1 本を読んで学ぶ

シュタイナーについての学び方は、講義を聞く、オイリュトミーを習うなど、いろいろある。その学び方は学ぶ人の数だけあるといってもよい。とはいえ、そういった機会に恵まれているのは一部の人々に限られているし、そういった人でさえ、それがいつもできるというわけではない。結局のところ、多くの人は本を読んで学ぶことが中心になるのではないだろうか。ここでは、本を読んでシュタイナーについて学ぶ際にヒントになるようなことを述べたいと思う。

言うまでもないことだが、それ以外の学び方を否定したり、軽視したりするつもりはまったくない。そのような機会があれば、むしろ積極的に利用することをお勧めしたい。とはいえ、一般にはそのような機会はあまり多くないと思われる。

これに対し本を読んで学ぶというのは、比較的多くの人に開かれた学び方であろう。また個人的な事情になるが、筆者自身が本から学ぶ機会が多かったということも付け足しておこう。

2 魔法は存在しない

現代は、とにかく効率が重視される時代である。何かをするためには、それが短い時間でできるほど望ましいとされている。「30分でわかる……」とか「三日でマスター……」などというものが好まれる。

とはいえ筆者が理解する限りでは、シュタイナーについてはそのようなやり方がまったく通用しない。したがって、「誰でもこうすれば効率よく学べる」といった魔法のような方法は存在しない。つまりは、この文章を読んだとしても、ここで学べるのはそのような方法ではない。ではいったい何が学べるのだろうか。

最初に、理解できない、あるいは効率よく学べないのは、あなたの知識不足や理解力不足のせいではないということを納得してもらい、安心してもらおうと思う。その後で、本を読んで学ぶ際に、知らないよりはましだが知らなくても困らない程度のアドバイスをしたいと思っている。

3　なぜ学びにくいのか

シュタイナーが理解されにくい理由については、すでにいくつか指摘している。これらはそのまま、シュタイナーが学びにくい理由でもある。その一方で、よく耳にする理由の中には、やや的外れではないかと思われるものもある。

用語が難しいという指摘がある。否定はしないが、どんな分野にも専門用語というものがある。これはシュタイナーに特徴的なこととは言えないだろう。

目に見えない事柄が扱われているからだという指摘もある。これも否定はしないが、よく考えてみれば目に見えない事柄を扱っている分野は、現在ではたくさんある。

シュタイナーが学びにくい理由はいろいろあるが、その思想がツリー（木）構造になっていないことが大きな理由の一つであるように思われる。

ここでいうツリーとは、目に見える（＝地面から上の）木のイメージのことである。太い幹があって、その上で枝が分かれている、ごく普通の木である。ツリー構造という場合には、上下を逆転させたイメージで用いられることが多いのだが、ここでは上下をそのままにしておこう。

4　ツリーの場合

知識がツリーになっていると基礎から順番に学ぶことができる。木の幹に、下からＡＢＣと書き込んだとしてみよう。Ａが土台にあり、その上にＢが、その上にＣが載っている。この場合、ＡＢＣの順番に学べばすべてはスムーズに進んでいく。

我々が学校で学ぶ勉強は、その大半がこのような構造をしている。算数・数学が典型だが、他の分野でもおおよそ同様である。もっとも基礎的で単純なことから学び始めて、だんだんと複雑になり、応用になる頃にはたいてい枝分れしていく。

すべてがこうでなければならない、などと決められているわけではないが、我々はこのようなパターンにあまりに慣れ過ぎていて、無意識のうちにこれがあたりまえだと思っている。すべてがこうであるはず、こうあるべきだと思っている。そのため、これと違うパターンに出会うと思考が停止してしまう。「どこかおかしいのではないか」「間違っているのではないか」と感じてしまう。これこそが、シュタイナーと本格的に向き合った時にしばしば起こる事態である。

5 リゾームの場合

シュタイナーについてはＡＢＣのように順序よく学ぶことができない。Ａを学ぶためにはＢの知識が必要で、Ｂを学ぶためにはＣの知識が、そしてＣを学ぶためにはＡの知識が必要といったことが起る。これではどこから学んでよいのかわからないし、一つの段階を学んでから次の段階に進むという、いつものパターンが通用しない。これこそが我々を悩ませる大きな原因ではないかと筆者は推測している。

このような構造をツリーに対してリゾームと呼んだりするのだが、名前はどうでもよい。クモの巣のようなものだといえばよいだろうか。クモの巣には木の根元に相当するような根本的な場所・部分がない。

これには「きちんと学ぶ」ことに慣れている人ほど戸惑わされる。受験勉強が得意だった人、要するに頭がよいとされてきた人ほど途方に暮れることになる。シュタイナーと向き合って戸惑っている人は、「そうか、私は頭がいいから戸惑うんだ！」と思えれば、多少は元気が出るかもしれない。

6 とりあえずの対策

さて問題は「どうすればよいか」ということである。もちろんシュタイナーが残した内容に手を加えるわけにはいかない。となれば、こちらがそれに合わせる以外にない。これまでの学び方が通用しないのだと、自分を納得させることが、まずは必要になる。納得するまでに時間はかかるだろうが、やむを得ない。

多くの人は、ある事柄を徹底して学んで、完全に理解すること、その時点で一定の範囲の学びを完結させる（いわば「閉じる」）ことを目指してきたはずである。このことは受験勉強のことを考えるとわかりやすい。

しかしシュタイナーについてはそれがまったく通用しない。完全な理解をあきらめて、いわば中途半端な形で開かれた状態にとどめておくことが、どうしても必要になる。だからといって完全な理解に近づこうとする意欲まで捨ててしまってはいけない。

7 全体を視野に入れる

ここで述べたような学び方で非常に重要になるのは、全体を視野に入れておくことだと思われる。

分野Aを学んでいるとして、他にどんな分野があるのか、まったくわかっていないという状況は望ましいものではない。これは「道に迷っているのだが、目の前のことに夢中でそのことに気づいていない」状態である。地図を入手して、自分がどこにいるかは知っておいた方がよい。

このような意味において、シュタイナーの全体像を視野に入れておくことは、とても重要である。とはいえ広範なシュタイナーの文字通りの全体像を視野に入れることなどはできないだろうし、そのような人は存在しないと推測される。あくまでも「全体像に近い」「全体像のような」ものでしかないが、そのような全体像を視野に入れて、自分が今はその中のどの部分を学んでいるか、他にどんな分野があるか、関連が深いのはどの分野か、といったことを確認しておくとよいだろう。

8 深く読む／広く読む

学問では、一冊の本を深く読み込むことが重要だとされる。これはシュタイナーの場合にもそのままあてはまる。しかしこれまでに述べたことを踏まえると、一冊あるいは一つの分野の本にこだわらず、いろいろな本を読む、つまみ食い的に読むといったことにも、それなりのメリットがあることに気づく。

文字通り、分かれているから分野と呼ばれるのだが、シュタイナーが語る内容はすべてが有機的に結びついていて、分野と分野が厳密には切り離せない。そのため、「分野Aの本を読んでいたら分野Bのことがわかった」といったことが起る。「分野Cでどうしても理解できなかったことがあったのだが、分野Dの本を読んでいたら、そのことが説明されていた」といったことが起る。

あまりにいい加減な読み方はお勧めできないとしても、次々にいろいろな分野の本を読むことにも、間違いなくメリットがあるといえる。

9　さまざまな悩み（1）

本を読んで学んでいると、悩みが次々に生じてくる。おそらく誰もが経験している最大の悩みは「読めない」「理解できない」というものだろう。その時にそれについて教えてくれる人が身近にいればよいのだが、たいていの場合、そのような奇跡は期待できない。

これを自力で解決するとなれば、「関連する本を読む」、あるいは「もっとやさしい本を読む」といったことが解決への糸口になる。しかしこの場合、そもそもどんな本があるかを知らなければ、どうにもならない。したがって「①どんな本があるのか」ということが、解決のための出発点になる。

読むべき本が一冊なら、それを読むしかない。しかしそれが多数ある場合、どれから読むか、どんな順序で読むかという問題が生じる。そしてこれには、どれから購入するか、どれから借りるか、といった問題がからんでくる。通常は、やさしい本から順に読むだろうから、これは「②どちらの本がやさしいか」という問題だといえる。

10　さまざまな悩み（2）

そしてもう一つ、「③その本をどのように入手するか」という問題がある。新刊書や、あちこちの図書館に入っているような本であれば、このような問題はまず生じない。したがって一般には、このような問題に出会う機会は多くないと思われる。ただし出会ってしまうと、これは本当に辛い問題である。（たとえば、「どうしても読みたい本が古書で一万円もする」といったもの。）このような問題に出会う人は、すでにシュタイナーをかなり学んでいる可能性が高いだけに、あきらめるのも難しいことが多い。

以下ではここに挙げた①～③について解説したい。とはいえ最初の方に書いたように、魔法のような方法は存在しないので、そのつもりで読んでもらいたい。以下は、「知らないよりはまし（だが知らなくても困らない）」程度のアドバイスである。

説明の順序は①、③、②とする。この順序には特に深い理由はないので、気にしないでもらいたい。

11 どんな本があるのか（1）

最初は「①どんな本があるのか」、より厳密にいえば「○○の分野にどんな本があるか」「○○をテーマにした本があるかどうか」がわからないという問題である。

筆者は以前から、分野ごとに「こんな本がある」というリストがあれば、とても便利だし有益だと思っていた。そのような分野別のリストを作成して、note に掲載しているのでぜひ利用してもらいたい。

（https://note.com/anandalaksana/
クリエーター名「シュタイナー情報」）

およそ３５０巻からなるシュタイナー自身の著書や講義などをまとめたドイツ語のシュタイナー全集の邦訳リストも、同じ note に掲載している。これを見れば、「どの巻がどの本に翻訳されているか」だけではなく、「どれとどれが同じ原文の翻訳か」なども確認できる。リストは今後も追加・修正を加えていく予定である。

これらと比べるとずっと簡潔なものだが、本書には分野ごとの読書案内があるので、そちらも活用してもらいたい。

12 どんな本があるのか（2）

残念ながら、このようなリストでは具体的に中身を確認することができない。自分の目で中身を確認するためには、書店や図書館を利用する必要がある。この目的のためには、書店も図書館も大きい（本が多い）ほど役に立つ。書店であれば、ジュンク堂の池袋店や梅田店のような巨大書店に足を運ぶことが望ましい。

可能であれば大きな書店に行ってシュタイナーの本棚をながめてもらいたい。古い本はたいてい並んでいないし、運が悪いと誰かが買った直後だったりすることもあるが、中身を確認できるというメリットは絶大である。

同様に、大きな図書館に行くというのも有効な方法である。通常の書店にはない古い本もあるし、もちろん中身を確認することができる。図書館の場合、シュタイナー関連の本がまとめて配架されているわけではないので検索する必要がある。とはいえ一般には所蔵されているシュタイナー関連の本自体がさほど多くないので、幅広く検索してすべての本を手に取ってみることも可能だと思われる。

13 どんな本があるのか（3）

筆者が作成した前述したリストは比較的網羅的ではあるが、具体的に中身を確認することができない。また分野の区分の仕方は筆者の興味関心に基づくものであり、それが読者の皆さんの関心と一致するとは限らない。一方で書店や図書館は具体的に中身を確認することができるが、網羅的ではない。したがって「①どんな本があるのか」については、この2つの方法を組み合わせることが必要になるだろう。その他には書店のウェブサイトを利用する方法もある。値段の確認などのためには特に有用である。

書店のウェブサイトといっても、このような場合には書名が特定されていないため、可能なのは「シュタイナー」＋「キーワード」の検索等で、キーワードをあれこれ変えていくくらいだろう。運に頼る部分が大きくなるが、経験を積むことで効率的な検索が可能になる。利用するのであれば、目次まで表示されるサイト（たとえば紀伊國屋書店ウェブストア、https://www.kinokuniya.co.jp/）の利用をお勧めしたい。

14 本が入手できない

次は「③その本をどのように入手するか」という問題である。書名までわかっても入手困難、あるいは実物がどこにも見つからないといったことがある。このような場合、すでにネット上で探し尽くしているとすれば、ほとんどお手上げである。それを承知の上で、いつくかの可能性を示しておく。（「シュタイナー図書館」のようなものがあったら、どんなにいいだろうと思う。）

可能であれば、国立国会図書館を利用するというのは非常に有効な方法である。

利用対象外の遠方の図書館が所蔵していることもある。相互貸借のネットワークがつながっていれば、利用対象外の図書館の本でも借りられるし、コピーなら送ってもらえるといった場合がある。ただしコピーの範囲には制限がある。

このような時、大学図書館は盲点になりやすい。CiNii（サイニィ）というデータベースで検索すると、意外なところで見つかることがある。たとえば琉球大学の図書館には、シュタイナー関連の本が比較的多く所蔵されている。

15 やさしい本の探し方

さて最後は「②どちらの本がやさしいか」である。同じような分野の本（類似したテーマの本）で、難しい本とやさしい本がある場合には、やさしい本から読むとよい。……などということは誰でも知っているし、実行していることだろう。問題は、どれが難しい本で、どれがやさしい本なのかがわからないことである。以下では、そのような場合の判断の手がかりについて述べたいと思う。

とはいえ、ネットで本を購入するなど、実物が手に取れない場合には、以下の話はあまり役に立たない可能性が高い。役に立つのは、実物を手に取って、あちこち確認できる場合に限られるかもしれない。とはいえそのような場合には、本文を試し読みできるのだから、これから述べるような判断材料は、そもそも不要になる可能性がある。

そのようなことを承知の上で、もしかすると役に立つかもしれないことをしばらく述べてみたい。

16 著者はシュタイナーかそれ以外か

まず「シュタイナー著」と、シュタイナー以外の人物の「他著」があった場合、「他著」の方がやさしい可能性が高い。もちろん一部には例外もあるが、「シュタイナー著」はそのくらい難しいと覚悟しておいた方がよい。「他著」をまずは徹底的に読み込んで、その後で「シュタイナー著」を読むのが無難な順序だろう。

とはいえ「他著」で満足してはならず、最終的には「シュタイナー著」にたどり着かなければならない。「他著」は、シュタイナー以外の人物が自分なりの視点や自分なりの興味から、自分なりの読み方をしたものでしかない。それがシュタイナーを正しく解説している保証はない。この本も「他著」である。

シュタイナーを理解したければ、シュタイナーと直接向き合うことが絶対に必要である。ドイツ語原典と向き合うのが理想だが、無理なら仕方がない。それでも、翻訳でシュタイナーと向き合うところまでは進まないといけない。「他著」はあくまでも、そこに至るための手段だと考えるべきである。

17　書かれたものか話されたものか

シュタイナー著には、書かれたものと話されたものがある。著書や論文などが書かれたもの、講義（講演）が話されたものである。両者は大きく異なるのだが、この違いを意識している人は意外に少ない。

書かれたものは難しく、話されたものはやさしいというのが全般的な傾向である。類似した内容のものがあれば、話されたものを先に読むとよい。

書かれたものは内容が凝縮されている。また何度も読み返して、読者が内容を吟味することを前提に書かれていることも多い。これに対して話されたものは、一度耳から入るだけで理解されなければならないから、あまり難解なことは語れない。

書かれたものか話されたものかについては、訳者が「まえがき」「あとがき」などに「何年のベルリンでの講義」などと記載してくれていることを期待したい。もしもシュタイナー全集（GA）の番号が書いてあれば、1～50が書かれたもの、51～354が話されたものである。

18　公開講義か会員向け講義か

話されたもの（講義）は、その聞き手、聴衆によってさらに三つに分けることができる。誰でも参加できる公開講義、アントロポゾフィー協会（かつては神智学協会）の会員に限定された会員向け講義、専門の講義である。例外はあるものの、全般的に見れば公開講義がもっともやさしい。

会員向け講義であれば、シュタイナーをある程度理解していること、時には直前の講義を聞いていることが前提とされている。これに対し公開講義では、基本的にはそのようなことはない。専門の講義の場合、分野によっても大きく異なるが、文字通り専門的な（≒ 難解な）内容が語られていることも少なくない。

シュタイナー全集（GA）の番号だと51～84が公開講義、90～270が会員向け講義、271～354が専門の講義である。（ただし347～354は公開講義に近い雰囲気がある。）なおシュタイナー全集は現在も編集中で、番号も一部が変更されている。ただし現時点での邦訳との対応については右の番号で差し支えないと思われる。

19 いつの講義か

講義の時期によって、やさしい／難しいの違いがあるわけではない。とはいえ、それがいつの講義かがわかり、その頃のシュタイナーを取り巻く状況がどのようなものだったかがわかると、内容が理解しやすくなることが多い。そもそも、なぜそのテーマが選ばれたのか、といったことまでわかる場合がある。

たとえば神智学協会との関係が悪化していた時期には、シュタイナーはキリスト論をテーマにした講義を多く行っている。そのような講義の中には、突然「東洋」や「インド」といった言葉が飛び出すことがあるが、それらは神智学協会を念頭に置いて語られたものである。

訳者は「何年の講義」までは書いたとしても、シュタイナーを取り巻く状況までは通常書いてくれないので、これについては自分で調べる以外にないだろう。なおシュタイナー全集は、各々のカテゴリーの中では、著書や講義が時間的な順序で並べられている。

20 翻訳が複数ある場合（1）

重要な本ほど翻訳の種類が多くなる傾向がある。そのため重要な本を読もうとすると、翻訳が複数あって、どれにしようかと迷うことがある。そのような時に「安い」とか「軽い」といった理由で、安易に選ばない方がよい。翻訳の違いは非常に重要である。一種類しかなければそもそも選べないが、選べるのであれば、よりよい翻訳を選ぶべきである。

ただしその前に、可能であれば複数の翻訳を持つことをお勧めしたい。ある翻訳でよくわからなかった部分が、別の翻訳で読んだらすっきりわかる、といったことは少なくない。ふだん読むのは、どれか一種類の翻訳で構わないが、つまずいた時のために、もう一種類、あるいは二種類を持っておくとよい。

一種類しかないと、つまずいた時に先に進めず、どうしてもそこでストップしてしまう。しかし二種類、三種類あることによって、その箇所を乗り越えられる可能性が出てくる。また訳文の比較によって、訳文の良し悪しを判断する目も養われる。

21 翻訳が複数ある場合（2）

二種類、三種類持っていることが望ましいと述べたが、それらを並行して読むとかえって混乱するだろう。通読するとすれば、やはりどれか一種類を読むことになる。つまりは買うにせよ読むにせよ、どこかで一つに絞り込むことが必要になる。その場合、何を基準に選んだらよいのだろう。

一般論としていえるのは、もっとも新しい翻訳を選ぶということである。通常、訳者は以前の翻訳を読んでいる。新たに翻訳しようとするのは、以前の翻訳に問題があるからであって、問題がなければ新たに翻訳しようなどとは考えない。また実際の翻訳のプロセスにおいても、以前の翻訳を参考にすることが多い。

つまり新しい翻訳は、以前の翻訳を参照していて、間違っている部分やおかしな部分が修正されている可能性が高い。一般論としていえば、より新しい翻訳ほど、よりよい翻訳になっている可能性が高い。翻訳を一つ選ぶとすれば、もっとも新しい翻訳を選ぶのが基本である。

22 翻訳が複数ある場合（3）

訳文の良し悪しや、自分と訳文との相性であれば、すぐにわかるだろう。しかし、それをそのまま翻訳の良し悪しだと思ってはいけない。もちろん訳文の良し悪しも重要な要素ではあるが、しかしもっとも重要なのは原文（シュタイナーの場合はドイツ語の原文）を正確に翻訳しているかどうかである。これは残念ながら、原文と照合しない限り、訳を読んだだけではわからない。

シュタイナーの翻訳の中には、解釈の相違といった問題ではなく、それ以前の次元でいい加減と言わざるを得ないような、改ざんと呼ぶ人までいるような翻訳が少なからず存在し、そのようなものが広く出回っている。

そのような場合であっても、新しい翻訳にはそのような態度が引き継がれる可能性は低い。したがって一般論としては、新しい翻訳を選ぶべきである。選択の際に信頼できる人からアドバイスをもらえるなら、それがもっとも望ましい。

以上で①～③について回答したことになる。

23 四大主著から読むべき？

シュタイナーを読むなら四大主著から読むべきだという人がいる。間違ったアドバイスだとは思わないが、当然のことながら「読めるなら、つまり理解できるなら」という条件が付くはずである。いきなり四大主著を読んで理解できるなら、非常に効率の良い、同時に深い学びができる。しかし大変困難である。四大主著は近未来の目標と考えるのが現実的ではないだろうか。

これに似たアドバイスは多い。たとえば教育であれば『一般人間学』から読むべきだという人がいる。『一般人間学』はシュタイナー教育の根本であり、これがわからなければ、シュタイナー教育はわからないという。

これについても、四大主著の場合と同じことが言える。このアドバイスが間違っているとは思わない。とはいえ当然のことながら「読めるなら、つまり理解できるなら」という条件が付くはずである。いきなり『一般人間学』を読んで、まったく歯が立たなかったとすれば、学ぶことをあきらめてしまう可能性すらあるように思われる。

24 むすびとして

最初の方に書いた通り、シュタイナーについては「誰でもこうすれば効率よく学べる」といった魔法のような方法は存在しない。シュタイナーを学ぶに際しては、このことを肝に銘じておく必要がある。

したがって、熱心に学ぶことはとても大切だが、そうでありながらも「急がない」「あせらない」といったこともまた重要である。早く結果を出そうとしても、結果は思い通りにはついて来ない。

それと同時に、いい加減に聞こえるかもしれないが、「わからなくても気にしない」といったことも重要であるように思われる。「落ち込まない」「悔やまない」と言い換えてもよい。「理解したい」という気持ちはとても大切だが、残念ながら、その気持ちの強さに応じて理解が深まるとは限らない。

先人たちの方法を参考にしながらも、自分らしい方法を見出していくことが、もっとも「シュタイナーの学びらしい学び」であるように思われる。

おわりに

シュタイナーの著書や講義の翻訳は、近年ずいぶん増えた。しかし、入門書や解説書の類は——シュタイナー教育に関するものだけは例外といえそうだが——驚くほど少ない。もちろん、翻訳はとても大切だ。しかし、それを手に取った大半の人が、実際には読み進められずにいる現実を、このまま放置してよいはずがない。

翻訳を読み始めたものの、途中で投げ出してしまった人を、私はこれまでにたくさん見てきた。「難しい」「理解できない」、そんな声を何度も聞いてきた。そうした人たちが、何とか翻訳を読めるようになり、理解にたどり着くための「橋」が必要だと、ずっと感じてきた。本書は、細くて頼りない橋かもしれない。しかし、多くの人にとって、ないよりはあったほうがよい橋であることを願っている。そして、できることなら橋の数を増やし、また、橋の幅を広げることにも取り組んでいきたい。

ここまで、広大なシュタイナーの世界の一端を紹介してきたが、おおよその内容をご理解いただけただろうか。とはいえ、もちろんこれで語り尽くされたわけではない。

シュタイナーの世界の中心に位置づけられるテーマは何だろう。唯一の正解があるわけではないので、さまざまな意見があってよいだろう。しかし、多くの人は「宇宙と人類の歴史」、あるいは「キリスト論」こそが中心だと見なしているように思われる。シュタイナーを理解する上できわめて重要なこれらのテーマ、中心ともいえるテーマはいずれも下巻で扱われる。「もうお腹いっぱい」と感じているかもしれないが、しばらく腹ごなしをした後でも構わない。ぜひ、下巻も手に取っていただきたい。

２０２５年4月吉日　寺石悦章

寺石悦章 Teraishi Yoshiaki

琉球大学人文社会学部教授。博士(文学)。

埼玉県生まれ。名古屋圏を経て、現在は沖縄本島在住。

東京学芸大学教育学部卒業。筑波大学大学院博士課程哲学・思想研究科修了。

日本学術振興会特別研究員 (PD)、四日市大学総合政策学部准教授、琉球大学法文学部教授などを経て、現職。教えることが大好きで、上記の他にも７つの大学（文学部・教育学部・社会福祉学部・看護学部・理工学部等）と２つの専門学校における非常勤講師として、哲学・倫理学・宗教学・文化論を中心に多様な授業を担当。さらにはカルチャーセンターやコミュニティカレッジ、教員免許状更新講習、高校での出張講義、ケーブルテレビ番組への出演などにおいて、さまざまな受講者に多種多様なテーマについて話をした経験をもつ。講演依頼は人数の多少にかかわらず、対面でもオンラインでも大歓迎である。

人間と世界に対する興味は尽きず、専門の範囲を超えたさまざまな事柄に関心を持つ。かつてはサンスクリット語、チベット語、パーリ語などで書かれた仏教やヒンドゥー教の文献について研究していたが、現在はシュタイナー一筋になっている。

共著書に『宗教学入門』(ミネルヴァ書房)、『宗教の事典』(朝倉書店)などがある。

主催するシュタイナー読書会は、転居による中断を経ながらも 20 年以上続いている。

note にシュタイナー全集の邦訳リスト、シュタイナー関連本のテーマ別リストなどを掲載し、随時更新している(https://note.com/anandalaksana)。

シュタイナーの世界（上）

発行日　2025 年 4 月 25 日　初版発行
著　者　寺石悦章
装　丁　赤羽なつみ
発行者　村上京子
発行所　株式会社イザラ書房
369-0305 埼玉県児玉郡上里町神保原町 569
tel 0495-33-9216　fax 047-751-9226
e-mail : mail@izara.co.jp　HP : https://www.izara.co.jp/
印　刷　株式会社シナノパブリッシングプレス
ISBN978-4-7565-0163-9　C0010
Printed in Japan, 2025 © Izara Shobo

●本書の無断転載・複製を禁じます。落丁乱丁はお取り換えいたします。